내 아이 재능, 어떻게 찾아낼까?

내 아이
재능,
어떻게
찾아낼까?

코르넬리아 니취 지음 | 안미라 옮김

담푸스

아이의 재능 개발을 위한
기본적인 지도 방법 · 51

2부
재능을 키우기 위한 방법과 조언들

풍부한 감정을 경험하게 하라 · 95

모든 아이들은 아직 잠자고 있는 재능을 가지고 있다.

작가 코르넬리아 니취는 네 자녀의 엄마로 자신의 경험과 지식을

동원하여 재능이란 무엇인지, 재능을 어떻게 발견하고 키워줄 수

있는지를 쉽게 풀어서 설명하고 있다.

이 책은 부모들에게 아이의 재능을 키워주는 방법, 자녀교육에서

범하는 실수를 방지하는 방법을 이해하기 쉽게 소개하면서 동기를

부여해주며, 아이들의 다양한 특성과 가능성을 다루기 때문에

특별한 아이의 부모가 아니라 모든 부모를 위한 책이다.

재능은 무엇이며,
어떻게 찾아야 하는가

재능이란 무엇인가

내 아이에게는 어떤 재능이 있으며, 있다면 얼마나 많을까? 특별한 능력

은 어떻게 만들어질까? 아이의 재능은 유전 때문일까, 특별한 교육으로

가능할 걸까? 아니면 선천적 요인과 후천적 요인이 동시에 작용하여 생

겨나는 것일까? 아이를 둔 부모라면 누구나 궁금할 것이다. 이제부터 그

답을 찾아보자.

내 아들은 어떻게 그렇게 동물을 잘 다룰까? 내 딸은 어쩌면 그렇게 색깔이나 형태에 대한 감각이 뛰어날까? 옆집 아들은 어떻게 그렇게 드럼을 잘 칠까? 이웃집 딸은 어쩜 그렇게 테니스를 잘 칠까? 특출한 재능이 있는 아이들을 보면 궁금해지곤 한다. 그런 아이들은 늘 사람들의 관심을 독차지한다. 오늘날 우리 사회는 미래의 '스타'에 열광하기 때문이다.

부모, 학교 교사, 각 분야의 트레이너, 상담사, 각종 단체와 기관에서는 꿈나무를 찾아내느라 바쁘다. 영재를 발견하면 모두 기뻐하며 축하한다. '스포츠'든 '요리'든 '학교 성적'이든 상관없다. 그렇다면 우리가 그토록 찾아 헤매는 재능이란 무엇을 말하는 걸까?

재능을 발견하라

특별한 재능이 있는 아이 중에는 벌써 다섯 살 전후의 어린 나이에 자신의 '소명'이 무엇인지 발견하는 아이들도 있다. 창고에 버려진 깡통으로 자동차를 만들며 놀면서 자신의 재능을 발견하는 아이도 있고, 부엌에서 놀다가 독특한 수프를 만들어 세상을 놀라게 하는 아이도 있다. 부모로서는 아이가 일찌감치 자기 특기와 관심 분야를 찾아야 안심한다. 그래서 학교에 입학하기도 전에 정교한 종이비행기를 접는 아이를 보며 손재주가 남다르다며 안도한다. 또는 형이나 누나의 과학 상자에 들어 있는 각종 실험 기구에 관심을 보이면 미래에 대과학자가 될 거라며 좋아한다.

특별한 재능이 있는 사람은 특정 분야에서 두각을 나타내는 사람, 월등히 우수한 능력을 나타내는 사람을 의미한다. 노래든 연극이든 수학이든 관계없이 한 분야 또는 여러 분야에서 동시에 우수한 능력을 보여주는 사람을 말한다. 신들린 듯 피아노를 치는 아이라면 수학 성적이 엉망이든 뜀틀을 못 넘든 특출한 재능이 있는 영재라며 칭찬을 듣는다.

한 사람이 동시에 여러 분야에서 두각을 나타내는 것도 가능할까? 재능이 있는 사람은 대개 한꺼번에 두 가지 또는 세 가지 분야에서 남다른 재능이 나타나기 때문에 여러 분야에서 동시에 두각을 나타내는 것은 그리 드문 일이 아니다. 예컨대 천재적인 음악가 중에는 우수한 언어감각이나 수학능력을 겸비한 경우가 상당히 많다. 많은 자연과학자가 동시에 뛰어난 음악가였다는 사실은 재능의 이러한 특성을 입증해준다. 그중 대표적인 사람이 아인슈타인이다.

물론 '한 가지 재능'만 보이는 아이들도 있다. 수학 성적은 늘 우수하지만, 수학 외에는 잘하는 것이 없는 아이들이 있다. 학교 다닐 때 누구나 이런 친구가 한 명쯤은 있었을 것이다. 그러나 과학적으로는 오로지 한 가지 재능만 나타나는 것이 오히려 희귀하고 예외적인 경우라고 한다.

재능을 찾는 여덟 가지 지표

미국의 심리학자 하워드 가드너는 아이의 재능을 찾아내는 데 유용한 구체적인 지표를 소개했다.

● 다른 사람과의 관계 속에서 특별한 능력이 발달한 아이들

이런 아이들은 다른 사람과 쉽게 어울리며 함께 노래를 부를 수 있고, 다른 사람보다 분위기를 빨리 파악한다. 다른 사람과 관계 맺는 걸 중요하게 생각하는 아이들이 이런 부류에 속한다. 이런 아이들은 교사, 의사, 간호사, 점원 등이 될 가능성이 크다.

● 감성이 풍부한 아이들

늘 자신의 내면을 탐구하며, 자신이 느끼고 생각하는 바를 정확하게 자각하고, 이를 밖으로 표현할 줄 안다. 이런 아이들은 화가, 조각가, 연

기자, 시인 등이 될 가능성이 크다.

● 자기 신체를 잘 조절하고 통제하는 아이들

운동 신경이 뛰어나다. 이런 아이들은 운동선수, 수공업자, 댄서, 예술
가 등이 될 가능성이 크다.

● 자연과 자연과학에 큰 관심을 보이는 아이들

이런 아이들은 자라서 삼림학자나 농장 경영자나 자연과학자가 될 가
능성이 있다.

● 공간지각능력이 뛰어난 아이들

다차원 도형을 다루기 좋아하며, 훗날 엔지니어, 건축가, 조각가, 화가
등이 될 가능성이 큰 아이들이다.

● 수학적 재능이 남다른 아이들

논리적 사고력이 우수하다. 커서 자연과학자나 법학자가 될 가능성이
큰 아이들이다.

● 음악에 큰 관심이 많은 아이들

이런 아이들은 리듬을 즐겁고 쉽게 익히는게 특징이다. 음악가가 될 가
능성이 큰 아이들이다.

- 언어감각이 발달한 아이들

자기 의사를 구체적으로 표현할 줄 알며, 이야기하기를 좋아한다. 창의적으로 이야기를 생각해내고 자기가 아는 어휘와 문법을 응용하는 것에 흥미를 느낀다. 이런 아이들은 기자, 강사, 작가, 정치가, 카피라이터, 법학자 등이 될 가능성이 크다.

그렇다면 지능과는 관계가 없어 보이는 재능은 어떻게 되는 건가? 처음 발레를 배우기 시작한 날, 이미 한 마리의 백조처럼 연습실 안을 누비는 아이는 뭐란 말인가? 또 다른 아이들보다 마루운동을 월등히 잘하는 아이의 재능은 어떤 것인가? 물론 이런 종류의 재능에는 운동신경, 근력, 균형감각 등이 중요한 요인으로 작용한다.

그러나 이런 신체적인 활동과 관련된 능력 역시 지능을 전제로 한다. 예컨대 춤을 추는 아이는 공간지각능력이 없다면 춤을 제대로 출 수 없을 것이고, 상황 인식과 반응이 빠르지 않은 아이는 축구선수로서 두각을 나타낼 수 없을 것이다.

천재로 산다는 건 그렇게 행복한 일만은 아니다

아이 중 약 2퍼센트는 아이큐(IQ)가 130점 이상으로 천재라는 소리를 듣는다. 아이큐 테스트의 평균 점수는 100점 정도다. 천재들은 우수한 기억력과 집중력을 보이며, 제아무리 복잡한 문제라도 끈기 있게 풀어내는 특징이 있다. 천재라고 불리는 사람들은 모두 특별한 능력을 갖추고 있으나, 천재적 재능이 모든 면에서 고루 나타나는 것은 다섯 명 중 한 명꼴이다. 꾀꼬리같이 노래를 할 줄 아는 동시에 반고흐처럼 그림을 그리고, 수학자 아담 리제처럼 계산을 잘하는 아이는 흔치 않다.

천재들의 80퍼센트는 학교생활에 큰 문제를 느끼지 않는다. 그러나 나머지 천재들은 학교 공부를 지루해하다가 결국 학교생활을 제대로 하지 못한다. 이런 아이들은 튀는 행동으로 친구에게 놀림을 받거나 지나치게 조용히 지내며 자신을 억누르면서 사회생활에 어려움을 느낀다. 이 때문에 많은 천재가 천재성을 발휘하지도 못하고 사라져 버린다. 그들의 능력이나 재능은 사회성 결여 때문에 처음부터 드러나지도 못하고 만다.

오랫동안 모든 아이에게 교육 기회를 평등하게 제공해야 하며 학습능력이 낮은 아이들을 우선으로 지원해야 한다는 점에 중점을 두다보니, 엘리트 양성은 금기되다시피 했고 천재들을 위한 특별 지원은 거의 이뤄지지 않았다. 그러나 최근 사회 인식이 변하면서 상황도 바뀌어 인재 육성을 위한 다양한 특수교육기관, 단체, 재단, 상담기관이 있으며 천재성 계발을 위한 지원이 활발하게 이뤄지고 있다. 이제 많은 천재들이 멘사(아이큐가 130점 이상인 사람들의 모임) 회원으로 활동하며, 천재라고 생각되는 아이들은 아동 심리학자나 소아과 의사에게 검사를 받아 천재성이 있는지 여부를 확인할 수 있게 되었다.

부모가 판단할 수 있는 기준

아이가 학교생활을 힘들어하고 성적이 나쁘다는 건, 아이에게 재능이 없다는 것을 의미할까? 학교 수업을 잘 따라가고 수학과 국어 성적이 동시에 좋다는 게 아이가 다방면으로 재능을 가지고 있을 가능성이 크다는 걸 의미할까? 아니면 단순히 성취욕이 강하고 성실한 아이의 성격을 반영하는 것일까? 이런 경우 부모는 어떻게 판단해야 할지 막막하다. 이제 아이를 판단하기 위한 몇 가지 기준을 살펴보자.

● 아이 알아가기에 대하여

부모만큼 아이를 잘 아는 사람은 없으니 다른 사람의 판단에 의존하지 말자. 아이의 특징을 정리해보자. 내 아이는 소심할까, 외향적일까? 다른 사람에게 쉽게 다가갈까, 주저할까? 호기심이 강할까, 새로운 것에 무관심할까? 활발한 신체활동을 좋아할까, 편안한 것을 좋아할까? 내 아이는 어떤 쪽인가? 아이의 여러 특징을 오랜 기간 관찰하면서 메모를 해두거나 일기장에 기록해놓으면 나중에 참고할 수 있어 좋다.

● 학교 성적에 대하여

부모들은 아이의 능력을 학교 성적으로 판단하려는 경향이 있다. 그러나 우수한 학교 성적은 재능이나 지능을 입증해주기보다는 성실성을 반영해준다고 보아야 한다. 반대 경우도 마찬가지다. 학교 성적이 나쁘다고 아이에게 특별한 재능이 없다고 믿는 것은 잘못된 판단이다. 국어 성적이 나빠도 언어감각이 탁월할 수 있다. 공정하지 못한 학교, 교사,

잘못된 학교 시스템 등 여러 요인들로 영향을 받는 학교 성적을 기준으로 아이를 평가하는 것은 위험한 일이다.

- 지능검사에 대하여

지능검사 하나만으로 사람의 재능을 파악하기란 불가능하며, 특히 어린아이들은 더더욱 그러하다. 전문가들은 여러 많은 검사가 아이들에게는 큰 의미가 없으며 특히 학교 가기 전 아이에게는 무의미하다고 말한다.

- 재능검사에 대하여

아이를 특수검사기관에서 하는 재능검사를 받게 하는 부모들이 점점 늘어난다. 재능검사를 받는 아이는 검사의 종류에 따라 뜀틀도 넘어보고, 숫자 퀴즈도 풀어보고, 낱말 순서를 분석하기도 하며, 각종 도형을 가지고 놀기도 하고, 만들기 과제를 수행하기도 한다. 그런데 이런 검사 결과들이 과연 부모의 판단과 관찰 결과보다 더 정확할까? 꼭 그런 것만은 아니다. 물론 전문가와 검사 결과를 상담하는 게 용기를 북돋워줄 수 있기는 하다. 각종 재능검사 결과는 학교제도와 학교 성적이 아닌 다른 판단의 기준을 제공하기도 하며, 학교 성적에 대한 집착을 버리게 해주는 장점도 있다. 더 나아가 검사 결과가 좋은 경우, 자기 자신에 대한 믿음을 강화시켜주고 자기계발에 대한 동기를 부여해주기도 한다. 용기를 주는 재능검사 결과 덕분에 아이가 새로운 영역에 도전하거나 부진했던 분야에서 부모가 바라던 성과를 달성할 수도 있다. 전문가 중에는 이런 종류의 검사에 대해 부정적인 사람들도 있다. 몇 가지 질문에 대답하는 것으로 한 아이 속에 숨어 있는 가능성과 재능의 정도를 정확하게 파악하기란 불가능한 일이기 때문이다.

- 전문가의 판단에 대하여

부모들 대부분은 학교 밖 전문가들의 소견을 더 신뢰하는 경향이 있다. 예를 들어 축구단 트레이너가 다른 사람에 비해 미래의 축구 스타를 더 잘 알아볼 것이라고 믿고, 아이가 유명한 가수가 될 가능성이 있는지는 합창단 지휘자가 가장 잘 알 수 있다고 믿는 것이다.

아이에게 특별한 능력이 발견되면 그 재능을 키워줄 좋은 멘토가 있어야 한다. 아이를 지원해줄 수 있는 객관적인 조언자가 있어야 한다는 말이다. 물론 좋은 멘토를 찾는다는 것은 쉬운 일은 아니다. 훌륭한 조언자는 때로 아이의 잘못된 부분들을 지적하거나, 아이에게 지나치게 욕심을 부리는 부모의 욕심을 막기 때문에 부모에게 불편한 존재가 될 수도 있다. 부모는 아이를 객관적으로 판단할 수 없기 마련이다. 그러므로 멘토는 재능이 없는 아이가 부모의 지나친 기대를 만족시키고 부모에게 인정을 받기 위해 수년 동안 억지로 힘들게 피아노나 테니스 연습을 하지 않게끔 도와주어야 한다.

눈에 띄는 특출한 능력, 객관적으로도 우수하다고 평가되며 평범한 사람이 노력을 통해 따라잡을 수 없는 재능은, 가족들 눈에만 보이는 것이 아니라 유치원, 학교, 각종 취미활동 모임, 스포츠단 등에서 사람들의 이목을 집중시킨다. 인재는 사람들의 입소문을 통해 유명해진다. 아직 다섯 살밖에 안 된 아이가 피카소처럼 그림을 그리는 재능이 있다면 곧 세상에 신동으로 소개될 것이다. 하다못해 학교에서 한 학년을 월반하여도 학교의 유명인이 되고 부러움의 대상이 되는 것이다.

그러나 영재라고 해서 모두 다 처음부터 사람들의 관심과 부러움을 독차지하며 요란하게 세상에 자신을 드러내는 것은 아니다. 어떤 재능은 눈에 띄지 않게 드러나기 때문에 종종 전문가나 부모가 발견하지 못하기도 한다. 예를 들어, 사람들은 원숭이처럼 나무를 잘 타는 아이를 보고 나무타기 영재라고 하지도 않을뿐더러, 그 아이를 부러워하거나 대단하다고 치켜세워주지도 않는다. 이런 아이의 재능은 전혀 눈에 띄지 않는다. 자기도 어리면서 동생을 잘 돌보거나 어린아이들을 잘 다루는 아이를 재능이 많은 아이나 영재라고 하는 경우도 극히 드물다. 쉽게 지나쳐버리는 이러한 재능들은 대개 당연한 것으로 받아들여지며 일상생활 속에 묻혀버리고 만다.

그렇다면 눈에 띄는 재능이든 사람들의 관심을 받지 못하고 사장되어버리는 재능이든, 재능이라는 것은 과연 어떻게 생겨나는 것일까?

재능은 어디에서 오는가

세상에 태어난 아이들은 모두 같은 발달 기회를 얻고 태어나며, 아직 아무것도 그려지지 않은 '백지상태'가 아닌가? 그렇다면 사람마다 갖고 있는 다른 재능들은 환경의 영향을 받아 발달할까? 아니면 재능 역시 머리카락이나 눈 색깔처럼 선천적으로 타고날까? 1960년대와 1970년대에만 해도 사람들은 인간이 완전한 백지상태로 태어난다고 믿었다. 그리고 자라면서 이 백지를 잘 채워나가면 능력이 많은 사람으로 발전할 수 있다고 믿었다. 그러나 이러한 가정은 틀린 것으로 판명되었다.

인간은 유전적인 요인과 환경적인 요인에 따라 영향을 받는 존재다. 두 가지가 복합적으로 작용한다. 아이가 태어날 때 세상에 가지고 나오는 특징들은 외부의 영향을 받아 일정한 방향으로 발달하는데, 재능이나 지능 역시 마찬가지다. 인간의 발달은 끊임없는 상호작용이라고 볼 수 있다.

유전적인 요인도 있다

사람들은 각기 자기만의 개성을 갖고 태어난다. 그리고 누구나 발달 가능성을 가득 안고 태어난다. 유전적으로 정해진 설계도는 발달하는 기본 틀을 제시한다.

- 모든 아이는 각기 자기만의 설계도, 자기만의 개성이 있다. 신체 내부의 조직, 능력, 외적 모습 등은 타고난 신체적, 정신적, 심리적 특징에 따라 크게 좌우된다.
- 전문가들은 한 인간의 특성은 20~50퍼센트 정도 유전자에 따라 결정

된다고 말한다. 지적능력의 50퍼센트 정도가 유전적으로 미리 정해져 있다고 보는 견해도 있다. 결론적으로 지능이나 감성과 같은 특징은 인간이 일정 부분 타고난다고 볼 수 있다. 학습능력이나 대인관계 능력과 같이 복합적인 능력 역시 유전 정보로 결정되는 부분이 크다.

• 인간의 유전자가 그 사람의 특징을 큰 틀에서 결정짓는다고 해서 유전적 요인이 환경적 요인보다 우선한다거나 중요하다는 것은 아니다. 같은 유전자를 갖고 태어난 쌍둥이가 서로 다른 개성을 나타내는 사람으로 성장하는 것을 보면 쉽게 이해할 수 있다.

좋은 환경을 만들어주어라

사람은 지속적으로 학습하는 존재다. 태어나는 순간, 학습은 시작된다. 심지어 엄마 뱃속에서 경험한 것들까지 발달이나 재능에 큰 영향을 미친다. 대표적인 예로 음악 학습은 태아 상태일 때 이미 시작된다. 아기는 태어나기 몇 주 전부터 엄마 뱃속에서 음악을 들을 수 있게 되며, 그때 들은 멜로디를 태어나서도 기억하는 경우가 많다.

자녀교육은 아이가 세상에 태어나면 곧바로 시작되며, 이 교육은 아이가 재능이 많은 아이가 될지, 그렇지 않은 아이가 될지를 결정하는 중요한 요인이 된다. (물론 자녀교육은 일방적인 과정이 아니다. 부모와 아이는 자녀교육 속에서 상호작용을 하며 서로 배우며 자극을 준다.)

좋은 교육은 수많은 다른 요인들과 함께 재능 발현을 위한 밑거름이 된

부모와 아이는 자녀교육을 통해
상호작용하며, 서로 배우고 자극을 준다.

다. 즉, 좋은 교육은 재능과 능력을 발휘할 수 있는 좋은 밭을 만들어주는 과정이다.

아이들은 각기 다른 문화 속에서 자라기 때문에 자기가 속해 있는 문화와 관련한 자기만의 능력을 발달시키기도 한다. 예를 들어, 브라질에서 자란 아이는 독일에서 태어나 자란 아이보다 춤을 더 잘 출 가능성이 높다. 아이들은 발달과정에서 자기가 속한 문화권에서 중요하다고 여기는 각종 능력과 재능을 습득하기 때문이다.

교육을 통해 긍정적인 영향을 주어라

재능을 잘 발달하게 하기 위한 교육에는 어떤 것이 있고, 주의할 점은 무엇인가?

- 절대로 아이를 다그쳐서는 안 된다. 아이들은 모두 자기만의 발달 속도가 있기 때문이다. 아이들은 일찍 자신의 특별한 능력을 보여주기도 하고, 조금 늦게 재능을 드러내기도 한다. 그러나 그 시기는 아이마다 모두 다르다. 이런 이유로 아이의 능력과 아이의 요구를 잘 관찰하고 파악해야지, 모든 아이를 똑같은 잣대에 맞춰서는 안 된다. 아이들은 각각 다른 존재로 대해야 하며 아이에게 관심을 보이며 다가가야 한다.

- 아이는 부모가 사랑, 신뢰, 관심, 이해, 친절 등을 보일 때, 그리고 부모가 아이를 한 인격체로 진지하게 대해줄 때 비로소 잘 발달할 수 있다.

또한 아이는 편안함을 주는 가정에서 안정감을 느껴야 한다.

- 아이의 단점이나 부족한 부분이 아니라 아이의 장점을 먼저 발견하자. 이런 긍정적인 자세는 아이에게 좋은 영향을 미쳐 재능을 꽃피울 수 있는 기본 토대를 만들어준다.

- 아이에게 시간과 안정감을 주어야 한다. 이는 재능을 키워주고 집중력을 향상시키는 가장 중요한 전제다.

- 부모가 모범이 되어야 한다. 재능 있는 사람이 되기 위해서는 자기조절과 훈련이 꼭 필요하다는 것을 몸소 실천하여 보여주는 것이 가장 효과가 있다.

- 규칙과 약속의 중요성을 일깨워주자. 일관성이 없으면 정해진 틀이나 명쾌한 기준도 있을 수 없다. 그러나 이러한 것들은 목표를 달성하려는 아이에게는 꼭 필요한 요소들이다. 충동에 지배되는 아이는 내면이 혼란스럽고, 노력을 해도 비효율적일 수밖에 없다. 왜냐하면 혼란스러운 자기 내면의 질서를 바로잡고 '정리하는 일'만으로도 너무 많은 에너지를 소비하여, 자기 관심사나 재능을 개발할 힘이 남지 않기 때문이다.

- 부모는 아이에게 모델이 되어야 한다. 생후 몇 년간은 부모가 한 아이 삶의 중심점이며 생각, 감정, 태도 등의 기준이 된다. 그러므로 부모는 모범적인 모델이 되어야 한다. 특히 성취욕, 명예욕, 인내, 끈기, 차분함 등과 같은 정서적인 부분에서 좋은 모범이 되어야 한다.

- 아이에게 좋은 인간관계의 가치를 몸소 보여주어야 한다. 신뢰의 의미, 자기 자신과 타인에 대한 배려와 관심이 얼마나 중요한지를 알려주자.

- 실수를 통해 배우는 법을 가르쳐주자. 아이에게 실수도 삶의 중요한 한 부분임을 일깨워주어야 한다. 살다 보면 운 나쁜 일을 당하거나 실패를 할 때도 많다. 아이에게 이러한 점을 가르치면, 아이는 실패하고 실수할 때 좌절하지 않고 계속해서 목표를 향해 달려갈 수 있으며, 실수를 오히려 성공의 토대로 바꿀 수 있다. 부모는 아이에게 이런 점에서 좋은 본보기가 되도록 노력해야 한다.

- 겸손을 잃지 말고 아이에게 자제하는 법을 가르쳐야 한다. 아이에게 성과와 재능을 자랑하면 교만한 사람이 된다는 사실을 가르쳐야 한다. 따라서 아이를 지나치게 자랑하거나 아이를 떠받들어주는 것은 바람직하지 않다.

● 재능에도 성별의 차이가 있는가

남자와 여자는 똑같은 능력을 갖췄을까? 정치적 올바름(장애, 성별, 인종, 종교, 문화, 직업, 취향 등의 차이로 차별하지 않기—옮긴이)을 추구하던 시대에는 남자와 여자의 차이가 없어야만 여성의 평등이 이루어질 수 있다고 믿어 남녀의 차이를 인정하지 않았다. 그러나 여러 연구 결과 남녀에게는 분명한 차이가 있음이 드러났다. 여자는 청각과 언어를 지배하는 뇌 부분에 뉴런의 개수가 남자보다 11퍼센트나 많고, 감정과 기억력을 관장하는 해마상 융기도 여자가 남자보다 평균적으로 더 크다고 한다. 여자아이들보다 남자아이들이 공간지각능력이 더 좋은 것도 성별에 따른 생물학적 차이에서 비롯된다. 즉, 남자의 오른쪽 뇌가 여자보다 더 크기 때문이다.

재능을 발달시켜주려면
어떻게 하면 되는가

재능은 그냥 우연히 생겨나는 것이 아니라 다른 능력과 마찬가지로 발달

하는 것이다. 생애 초기 단계에서, 아이는 호기심을 갖고 세상 모든 일을

적극적으로 탐구하려고 한다. 이때 어린아이들은 놀라울 정도로 많은 에

너지와 재능을 보여준다. 어떤 재능은 시간이 지나면서 사라지는가 하면,

또 어떤 재능은 적절히 관리해주고 개발해주면 자라면서 본격적으로 꽃

피기 시작한다. 그래서 훈련이 중요하다.

재능은 어느 날 갑자기 하늘에서 뚝 떨어지는 것이 아니라, 잘 준비된 '토양'에서 단계별로 자라는 것이다. 재능의 발달은 여러 가지 요소에 영향을 받는데, 어떤 요소들이 있는지 살펴보도록 하자.

1단계 : 학습 의욕을 높여라

아직 학교에 입학하지 않은 아이의 재능을 개발하기 위한 가장 결정적인 에너지원은 학습 의욕이다. 처음에 아이들은 모두 호기심에 가득 차 있으며, 무엇이든 받아들일 준비가 되어 있고, 세상 모든 것에 감탄하며 관심을 보일 자세가 되어 있다. 그러나 인간의 뇌는 진화하면서 주어진 환경에 맞게 발달하는 기관이기 때문에, 인간의 발달은 주어진 환경에 따라 크게 영향을 받는다. 예를 들어, 모국어는 아기가 태어나고 나서 가장 많이 접하는 언어이기 때문에, 아이는 모국어의 발음과 억양과 특징을 기억하고, 아주 어렸을 때부터 모국어를 외국어와 구분할 줄 알게 된다. 그리고 나서야 말하기를 배운다.

전문가들은 이와 같은 의욕과 적극성이 특별한 능력은 아니라고 한다. 사람은 누구나 학습에 대한 욕구와 자기 자신을 발전시키려는 욕구를 갖고 있기 때문이다. 특히 생후 삼 년 동안은 새로운 것을 배우려는 욕구가 가장 강하게 나타나 집중적으로 학습할 수 있는 시기다. 이때 아이는 관심이 가는 것이라면 순식간에 습득할 수 있다. 일생 중 가장 학습 의욕이 높고 습득능력이 탁월한 시기다. 예를 들어, 영어도 이 시기에 배우면 발음까지 완벽해진다. 아이에게 특별한 언어의 재능이 있기 때문이 아니라, 그 시기가 가장 학습효과가 좋은 때이기 때문이다. 이와 관련하여 부모들은 두 가지 의문점을 품는다.

- 아이에게 있던 왕성한 호기심은 왜 사라지는 것일까?
- 특출한 관심과 능력은 언제 어떤 방식으로 표출되는 것일까?

목표 지향적인 일반 지도 방법

취학 전 아동은 어른들의 목표 지향적인 지도에 크게 영향을 받기 때문에 부모의 지도 방식에 따라 아이의 관심과 흥미가 깨어날 수 있다. 그러나 부모는 아이에게 목표 지향적인 지도 프로그램을 제공하되 반드시 충분한 자유를 허용해야 한다. 아이의 관심과 흥미를 끌어내 재능을 키우려면 부모는 어떤 것들을 할 수 있을까? 아이들이 재능을 일찍 드러내며 발달시키려면 부모는 어떤 것들을 할 수 있을까? 아직 학교에 입학하지 않은 아이들을 위해서는 다음과 같은 방법을 사용해볼 수 있다.

- 재능 발견 프로그램 아이가 재능 발견과 관련한 프로그램에 참여하게 되면, 아이는 집중력을 발휘하며 높은 학습 열의를 보인다. 그러나 여기에서 중요한 것은 이러한 집중력과 열의가 순수한 것이어야지, 부모의 기대를 충족하기 위한 것이어서는 안 되는 것이다. 오늘날 점점 더 많은 아이가 일찍부터 영재교육을 받지만, 이러한 점을 간과하기 때문에 많이 실패한다.
- 가정과 유치원에서 영재들을 위한 특별 프로그램보다는 친밀한 사람과 일상생활에서 대화를 나누고 의문점을 풀고, 놀이, 만들기, 신체활동 등을 하며 많이 웃는 것이 훨씬 더 효과적인 때가 많다. 활동이 다양할수록 재능 발달이 더욱 효과적으로 이뤄진다.

이러한 경험을 한 아이들은 초등학교에 입학하기 전에 미리 중요한 사회문화적 요소를 배운다. 이런 아이는 초등학생이 되어서까지 재능 개발을 위해 필요한 것들을 습득한다. 이 과정은 사랑이 넘치고 다양한 것에 관심을 갖고 자극받을 수 있는 환경, 때로는 엉망진창 같기도 하고 질서가 없는 것 같기도 한 환경에서 일어난다.

아이가 이러한 방법들을 통해 새로운 것들을 습득하는 데 성공하면 저절로 좋은 성과나 성적이 나타난다. 재능이 자연스럽게 드러날 수 있는 좋은 토대가 되는 것이다.

2단계 : 특별한 관심거리를 만들어주어라

학습은 아이의 경험과 자신의 발견이 연계되어야 오랫동안 이어질 수 있다. 자신의 능력을 하나씩 발전해 나가면, 성공적인 학습과 자기 재능을 발달시킬 수 있다. 이 과정은 일상에서 일어난다. 아이는 놀이를 하면서 새로운 경험을 쌓고, 세상을 탐색하며 시야를 넓혀간다. 새로운 관심사는 갑자기 생기는 것이 아니라, 반드시 예전에 한 경험을 통해 새로운 관심사를 발견하고 심화시킨다. 무엇보다 창의력은 경험에서 발달한다. 아이는 이런 경험을 하면서 성장하며 학교생활을 준비한다. 다음 세 가지 예를 살펴보자.

• 다섯 살 난 아들이 블록놀이에 매료되었다. 블록으로 자동차, 비행기, 집 등 여러 가지를 만든다. 놀이에 푹 빠진 아이는 주변에서 무슨 일이 일어나는지 전혀 알아차리지 못할 정도다. 몇 시간이고 블록을 쌓고 놀

아도 전혀 피곤해 하지 않는다. 시도 때도 없이 블록놀이를 하다 보니 만들기 실력도 부쩍 좋아진다. 한 가지 일에 열중한 것뿐인가, 아니면 특별한 재능이 있는 것일까? 이 아이는 특별히 뛰어난 공간지각능력이 있는 것일까?

● 쌍둥이가 트램펄린 위에서 신나게 뛰어노는데, 다른 아이들보다 몸의 움직임이 민첩하고 꽤 오랜 시간 지치지 않고 점프를 한다. 공중으로 뛰어오르는 것이나 공중에서 회전하는 것이 전혀 지겹지 않아 보이며, 시도하는 묘기는 점점 어려워지고 독창적으로 변한다. 집중적으로 훈련해서인가, 아니면 특별히 운동 신경이 좋아서일까?

● 각종 양념을 가지고 실험을 하며 여러 음식을 만들어 칭찬 세례를 받는 아이가 있다. 이 아이는 아마도 계속해서 양념으로 실험을 할 것이고 언젠가 놀라운 요리 실력을 나타낼 것이다. 이 아이는 뛰어난 요리사가 될 아이인가?

한 가지 일에 몰두하는 아이를 보면서 부모는 감동한다. 부모는 아이의 넘치는 의욕과 호기심을 보며 기뻐한다. 유치원이나 초등학교 저학년 아이들에게는 사실 너무나 당연한 현상이기도 하다. 더욱 놀라운 것은 집중력이다. 아이는 '자기 일'을 찾은 거 같이 보인다. 아이는 자기가 좋아하는 일을 하는 동안에는 그 일에 엄청난 에너지를 쏟아붓는다. 예를 들어 운동장에서 쉬지도 않고 뛰어다니는가 하면, 틈만 나면 밖으로 뛰어나가 자연을 탐구하거나, 몇 시간이고 지하 작업장에 틀어박혀 있는 아이들이 있다. 자기가 좋아하는 일을 찾는 전형적인 발달 단계의 모습이다.

집안 분위기에 영향을 받는 아이들

아이에게 아무리 다양한 것을 할 수 있게 해주어도 결국에는 집안 분위기의 영향 때문에, 자기에게 익숙한 것을 좋아하고 고르려고 한다. 아이는 집안에서 늘 보고 들은 것들을 더욱 적극적으로 받아들이고 자기 것으로 발달시키기 때문이다.

• 화가의 아들 어릴 때부터 화판 옆에 누워서 지내고 물감 냄새를 맡았던 아이, 처음으로 기기 시작했을 때 물감 통 사이로 기는 연습을 했던 아이는 유치원에 갈 나이가 되면, 자연스럽게 색연필과 붓을 손에 쥐고 그림을 그리기 시작할 것이다. 집안에서 그림을 그리는 일이 자연스러운 일이기에 그림 그리는 것을 당연하게 생각하는 것이다. 각인이나 훈련된 것들은 나중에 좋은 결과를 낳을 확률이 높게 마련이다. 따라서 어린 시절 가정의 분위기가 아이의 재능이 발달하게 될 방향을 결정할 수도 있다.
• 축구선수의 아들 아빠가 축구선수인 아이, 집에서 늘 공을 차며 놀고 축구 경기 장면에 익숙한 아이는 다른 아이들보다 공이 더 친숙하고 공의 매력을 더 일찍 알게 될 것이다. 이른 시기에 한 분야에 일찍 몰입한다면, 아이는 그 분야에서 능력이 빨리 발달하며, 사람들은 아이의 이

러한 능력을 재능이라고 인정한다.

　항상 그런 것은 아니지만, 재능의 발달은 대개 다음과 같은 순서대로
진행된다. 집안 분위기에 영향을 받은 아이는 처음으로 취향, 관심, 선호
가 생겨나며 그와 관련한 재주와 지식을 갖게 된다. 아이는 이제 막 싹을
틔우기 시작한 관심 영역에서 꽃을 피우고 싶어 하며, 그 분야에서 자기
생각을 실행에 옮기고 활동 범위를 넓히려 한다. 이렇게 아이는 자기 능
력과 재능을 스스로 발전시켜 나간다. 처음부터 자신을 전문화하기 시작
하는 것이다.

　특별한 능력이 특별한 재능을 입증해주는 증거가 될 수는 있지만, 반드
시 그런 것은 아니다. 학교 입학 전에는 한 분야에 몰두하는 이유가 주로
재미 때문이지, 그 분야에서 자신이 발휘하는 특별한 능력이나 달성하는
성과 때문이 아니다.

　집안 분위기가 자유롭고 편안하면 아이들은 자기 관심사를 더 심화시
킬 수 있다. 주어진 과제를 수행하는 동안 의도하지 않아도 매 순간 새로
운 것을 배운다. 아무도 강요하지 않았는데도 적극성을 보이고 몰입하는
것은 인정, 의미, 완벽, 자기만족 등에 대한 (무의식적) 갈망에서 비롯한다.

　아이의 욕구와 아이가 특별히 관심을 보이는 일과 능력을 발견하고 아
이를 지원해주는 부모라면, 그리고 아이가 요람에서부터 시작하여 유치
원에 다닐 때까지 다양한 자극과 관심을 불러 일으켜주는 가정 분위기라
면, 재능이라는 열매가 자라게 된다.

놀이를 통한 발견과 특별한 분야에 관심을 갖게하기 위해서는 부모가 먼저 아이의 관심을 사로잡고 자극하는 것들이 무엇인지 알아야 한다. 대부분의 재능은 일단 발견이 되어야 발달할 수 있기 때문이다.

3단계 : 성공 경험을 활용하라

특별한 분야에 깊은 관심을 갖는 것 외에도 성공한 경험이 재능을 발달시켜주는 좋은 동력이 되기도 한다. 자기 관심사가 인정받고 공감을 얻는 환경에서 한 긍정적인 경험은 강한 자극이 된다. 다른 축구클럽 친구들과 한 축구 경기, 그림 그리기를 좋아하는 아이들과 함께 한 미술 수업, 나와 비슷한 수학 영재들이 모인 수학 학원에서의 경험 등을 예로 들 수 있다. 대회나 경기에 참가하여 좋은 성적을 거두는 경험이나, 경쟁을 통해 관심과 흥미가 더욱 강화되는 경험도 좋은 자극이 될 수 있다.

아이는 경쟁을 통해 자신을 파악하고 자기 실력을 측정하며, 한 친구가 다른 친구보다 더 빨리 달리거나 힘이 더 세고 민첩하다는 것을 발견한다. 아이가 어느 순간 뒤처지지 않기 위해 더 열심히 공부하려고 하며, 더 많은 훈련도 감당하려고 하는가? 아이가 성취욕을 느끼기 시작했는가? 혹시 실패하는 것은 아닐까? 지나치게 승부에 집착하지 않으면서 성공할 수 있을까?

아이들 사이에 차이가 나타나기 시작하면, 아이들은 질투와 승리의 기쁨 같은 감정을 경험하게 된다. 이런 시기에 접어들면 어른들뿐 아니라 아이들도 자주 등수나 순위를 궁금해한다.

내가 상위권에 속하는가? 아니면 하위권에 속하는가? 나는 재능이 많은 아이 중 하나일까?

내면에서 오는 격려

아이들은 성공하려는 욕심을 갖으면, 자기가 특별히 재능이 있는 영역에 더욱 몰입한다. 아이들은 자기가 잘하고, 자기에게 만족감을 주는 바로 그 일에 집중한다. 또한 칭찬을 들을 수 있고 상을 받을 수 있는 일을 하려고 한다.

부모나 어른들이 해주는 칭찬과 상은 외부에서 오는 격려일 뿐 아니라, 자기 내면에서 오는 격려이기도 하다. 아이는 성공을 경험하면 뇌에서 쏟아지는 호르몬 때문에 행복을 느낀다. 자기 속에서 샘솟는 이 좋은 기분을 거부할 사람은 아무도 없다. 만족을 주는 성공이 눈앞에 있다면 아이는 집중력을 발휘하고 최선을 다할 것이다. 아이는 이렇게 해서 누가 시키지 않아도 자기가 실력을 발휘할 수 있는 분야에서 스스로 노력하고 집중하게 된다.

직관은 아주 귀중한 재능이다

아이가 한 가지 문제를 놓고 이리저리 궁리를 한다. 문제를 여러 각도에서 살펴보고 고민하지만 해답을 찾지 못한다. 그러다 갑자기 아이디어가 떠오르면서 문제가 순식간에 풀린다. 아이는 직관으로 해법을 찾아 문제를 풀어낸다. 누구나 한 번쯤 경험해봤을 법한 일이다. 직관을 『가톨릭 백과사전』에서는 '직관으로 하는 이해는 분석적이고 과학적인 풀이 과정처럼 부분에서 시작하여 전체에 도달하는 것이 아니라, 단번에 전체를 파악하는 것을 말한다.'라고 정의한다. 그래서 직관은 깊이 있는 고민으로도 해결할 수 없는 문제를 푸는 열쇠가 되기도 한다. 루소는 직관이 "단번에 모든 사물의 진실을 깨닫게 해주는 독자적인 지능으로, 책을 통해 습득하는 공허하고 실망스러운 지식과 반대되는 개념이다."라고 했다. 외부의 영향을 받지 않고 뇌에 저장된 정보만을 활용하는 과정인 직관적 사고 과정은 훈련을 통해 습득할 수 있는 것이 아니라 천부적인 재능이라고 전문가들을 말한다.

시인, 화가, 조각가, 작곡가와 과학자들은 경험을 통해 이 '즉흥으로 얻는' 깨달음이 얼마나 소중한지 안다.

4단계 : 반복하여 연습하라

재능의 발달 속도는 처음에는 느리다. 점차 자기통제, 인내, 끈기, 훈련을 통해 발달 속도는 빨라진다. 성취욕과 자기 의지가 생기면서 점점 훈련의 양을 늘린다. 재능이 많은 아이는 자기가 원하는 결과를 쉽게 얻기도 하지만 항상 그런 것은 아니다. '일반적인' 경쟁에서는 쉽게 일등을 차지할지 몰라도, 재능이 있는 아이들끼리 경쟁하는 '전국 음악콩쿠르'나 '청소년 발명대전' 같은 대회에서 성공하기란 쉽지 않다.

평소에 쓰지 않았던 세포나 근육을 훈련으로 단련시키는 등 자기에게 부족한 점을 보충해야 한다. 도전 없이 발전은 있을 수 없다. 지속적인 반복 학습과 훈련을 통해 단련하고자 하는 능력이 몸에 배도록 해야 하며, 특별한 재능을 발휘하기 위해 필요한 신경세포 사이의 연결고리가 튼튼해져야 한다. 그래야 발견된 재능으로 인정받을 만한 성과를 올릴 수 있다.

본격적인 재능 개발 훈련

부모의 적극적인 지원 덕에, 아이가 생애 초기 수많은 관심사를 계속 유지하며 그림 그리기, 악기 연주하기, 연기하기, 운동하기 등에 계속 흥미를 느껴도, 그 관심사를 특별한 능력으로 개발시키려는 순간부터 아이의 흥미는 점점 수그러들 수 있다. 집중되고 고된 훈련을 시작하기 때문

지속적인 반복 학습과 훈련을 통해
단련하고자 하는 능력이 몸에 배도록 해야 한다.

이다.

아이는 이제 직접 만든 장난감 악기를 가지고 놀기보다는 정식으로 '청음 수업'을 받아야 한다. 주방 기구를 악기 삼아 놀던 시기도 끝이 난다. 드디어 '진짜' 음악을 해야 하는 순간이 다가온다. 악보와 음악 규칙에 따라, 많은 연습을 통해 음악을 해야 하는 순간이 다가온 것이다. 그림을 그리는 일도 마찬가지다. 내키는 대로 그리기, 상상의 나래를 종이에 옮겨 놓는 식의 그림 그리기 대신 정성스럽게 도형을 그리고 색을 칠해야 한다. 마음대로 그림을 그리는 대신 모두가 똑같이 주어진 규칙에 따라 그림 그리는 연습을 해야 한다. 예를 들어 '집'이라는 주제를 주면 기계적으로 뾰족한 지붕을 그린 다음 그 위에 연기가 나는 굴뚝을 얹고, 대문을 그려 집을 마무리하고 집 옆에 소나무 한 그루를 그려 넣어야만 하는 것이다.

심리학자인 안데르스 에릭손은 훈련과 연습은 작은 인재를 큰 천재로 만들어준다고 했다. 안데르스 에릭손은 베를린 음대 학생들을 조사하여 어린 시절부터 집중적인 연습을 해온 학생들이 뒤늦게 음악을 시작한 학생들에 비해 더 유망한 음악도가 된다는 사실을 밝혀냈다. 조사 대상 학생은 총 7,500명이었다. 이 연구 결과는 음악적 재능은 충분한 연습이 있어야 제대로 꽃필 수 있다는 사실을 입증해주었다. 다른 재능도 (음악처럼 많은 연습을 전제로 하지 않는다 하더라도 어느 정도의 훈련이 필요하다는 점에서) 마찬가지다.

초등학교 시절은 재능을 개발하는 데 매우 중요한 시기이므로 연습이나 훈련의 강도가 세져야 한다. 플루트 연주든 축구 실력이든 독서 능력이든 성실하게 정기적으로 연습하고 훈련해야 능력을 발휘할 수 있다. 노력은 대개 성공적인 결과로 이어진다. 여기에 타고난 재능까지 있다면 더욱 빨리 성공을 달성한다. 재능이 있는 사람이 인내를 가지고 최선을 다한다고 가정해보자. 예를 들어 일곱 살 난 꼬마가 도면을 따라 정확하게 연을 만드는 인내와 노력에 손재주까지 갖췄다고 가정하자. 연을 만들 때마다 아이의 손놀림은 더욱 빨라지고 정교해질 것이다. 또는 요리에 취미가 있는 아이가 매일같이 디저트를 만든다면 날로 디저트 맛이 좋아질 것이다. 그 아이가 만든 디저트를 맛본 사람은 그 맛에 놀라며 칭찬을 아끼지 않을 것이다. 이런 아이들은 재능이 있을 뿐 아니라 오랜 기간 꾸준한 훈련을 거쳐 그 재능을 갈고 닦은 아이들이다.

아이들은 점차 구체적인 기준으로 평가를 받게 되며, 엄격한 훈련으로 '보통' 아이들과 '뛰어난' 아이들 사이의 실력 차가 뚜렷하게 나타나기 시작한다. 초등학교 입학 전에 나타났던 무한한 창의력과 열린 자세는 점점 약화된다. 학교 입학 전에 충분한 지원과 교육이 이뤄졌다면 재능이 본격적으로 발휘되기 시작할 것이다.

성취욕 조절

재능이 많은 아이들은 성취욕이 강하고, 최고가 되려는 욕심이 있고, 자기 자신에게 높은 기대를 걸기 때문에 훈련과 연습에도 적극적으로 임한다. 열심히 연습하고 훈련한 아이는 노력에 대한 대가를 기대하며 자기의 재능이 특별히 뛰어난 재능으로 발전하기를 바란다. 강도 높은 훈련은 힘들고 고된 일이다. 예를 들어 축구 실력을 키우기 위해 어린아이가 날마다 수백 번 공을 찬다고 생각해보자. 쉬지도 않고 반복해서 골을 향해 공을 찬다. 훌륭한 피아니스트를 꿈꾸는 아이도 마찬가지다. 미래의 천재 피아니스트를 꿈꾸며 날마다 자기와 싸우며 연습을 한다.

이 시기의 재능 개발은 재미와 거리가 먼 개념이 돼버린다. 고된 훈련으로 실력이 향상되기도 하지만 반대로 결과가 나빠질 수도 있다. 기대한 결과가 나오지 않으면 아이는 좌절하고 의욕을 잃어버릴 위험이 있다.

물론 재능이 있다고 해서 모두가 이처럼 힘든 길을 가는 것은 아니다. 부모는 과연 그 길이 아이를 위한 길인지 고민에 빠지기도 한다. 재능을 위해 자식을 오랫동안 힘든 훈련을 받게 하며 괴롭히는 것이 바람직하지 않다고 생각하는 사람들도 많다. 성취욕보다 이러한 생각이 더 크면 부모와 아이는 결정을 내린다. "이제 그만하자! 꼭 대단한 사람이 될 필요는 없으니까!"라고.

자기의 재능을 갈고 닦고 싶어 하면서도 도저히 계속 연습하고 훈련할 자신이 없어 포기하는 아이도 있다. 재능은 충분하지만 그 재능을 꽃피울 만한 인내와 힘이 없는 아이다. 최고가 되기 위해서는 재능만으로는 부족하다. 실력을 발휘하기 위해 필요한 모든 노력과 능력을 종합적으로 발휘할 수 있는 사람만이 경쟁을 뚫고 성공할 수 있다.

바이올린 연주 실력이 그다지 좋아지지 않거나 얼음판 위에서 완벽한 스핀을 해내지 못하면, 애쓰고 노력해도 재능이 제대로 발휘되지 못하면,

힘들게 훈련을 받았는데 어느 순간 더이상 진전을 보이지 않으면, 부모와 아이는 욕심을 버리고 아무리 노력해도 꿈꿔온 대단한 성과를 이룰 수 없다는 사실을 인정해야 한다. 물론 대부분의 사람에게 매우 실망스러운 순간이다. 하지만 한편으로는 자유를 되찾는 해방의 순간이기도 하다.

훈련을 위한 몇 가지 팁

성취욕과 규칙적인 훈련 외에 어떤 조건들이 갖춰져야 아이의 재능이 좋은 성과로 결실을 거둘 수 있을까?

- 트레이너에 대하여 우선 좋은 트레이너가 있어야 한다. 어떤 방면으로 재능이 있든 간에 재능을 키워나가기 위한 최상의 훈련을 받아야 한다. 선택한 트레이너나 교사가 어떻게 수업을 하는지 관찰해보자. 훈련 방법만 볼 것이 아니라 아이를 다루는 방식도 살펴보아야 한다. 학생에게 먼저 다가가며 학생이 발전하는 모습을 찾아내 칭찬을 하는 교사인가? 어떤 방식으로 학생에게 용기를 주며, 어떤 방식으로 학생의 잘못을 깨닫게 하는가? 트레이너를 누구로 할 것인지 결정하는 과정에서 아이의 의견도 존중하자. 아이의 의견이 결정을 하는 가장 중요한 요소이어야 한다.
- 목표 설정에 대하여 재능을 발휘하여 성과를 내려면 명확한 목표가 있어야 하며, 그 목표를 이루기 위해 노력을 하고 끝까지 목표를 향해 나

가야 한다.

- 인내심에 대하여 자기가 갖춘 특별한 능력을 발달시키려 하고, 자기 발전을 꾀하는 사람은 훈련을 지루해하거나 힘들어하며 의욕을 잃어서는 안 된다. 계속 반복되는 훈련 과정일지라도 적극적으로 하는 사람이 발전할 수 있으며 조금의 나아감에도 기뻐할 수 있다.

- 긍정의 자세에 대하여 재능은 아이를 특정 방향으로 발달시켜주는 가장 중요한 요소다. 그러나 아무리 재능이 있어도 발달을 그칠 수도 있다. 나아감이 없는 시기가 찾아오면 실망에 빠지고 말기 때문이다. 때로는 발전이 없는 때가 있을 수 있다. 이는 지극히 정상이며 좌절할 필요가 없다. 아무리 피하려 해도 누구나 겪는 일이다. 따라서 이러한 상황을 심각하게 받아들일 것이 아니라 새롭게 시작하는 기분으로 최선을 다하는 긍정의 자세를 가져야 한다.

- 자기통제에 대하여 반갑지 않지만 규칙이나 규율은 꼭 필요하다. 성공하려면 자기 내면에 있는 제멋대로인 마음을 통제할 수 있어야 한다. 해야 할 과제를 미뤄서는 안 된다. 주어진 과제를 할 때에는 집중한다. 훈련에서 피곤해지거나 의욕을 상실해서도 안 된다. 자기 자신을 통제하는 것은 어려운 일이다. 스포츠든 학문이든 모든 분야를 막론하고 성공한 사람들은 자기통제가 가장 어려웠다고 한다.

아주 어릴 때 특별한 분야에서 재능을 보이는 아이는 그 재능을 잘 살려주고 관리해주면 학교에 들어갈 나이가 될 즈음에는 재능이 깊이 뿌리

내려, 그 재능이 삶 전체에 영향을 미친다. 그리고 그 능력을 주변에서 모두 알아볼 수 있게 된다. 조금만 노력하면 아이는 재능을 인정 받는다. 다른 친구들에 비해 수학 문제를 두 배 빠른 속도로 푸는 2학년 학생은 벌써 수학 천재라는 찬사를 듣는다. 학교 교사도 감탄하며 부모에게 이런 말을 할 것이다. "아드님에게는 특별한 재능이 있답니다!" 날마다 방과 후 스스로 바이올린 연습을 하고 어느 정도의 연주 실력을 달성한 아이 역시 사람들에게 재능을 인정받을 뿐 아니라, 자신도 재능이 있음을 믿고 자신을 갖게 될 것이다.

성공의 열매들이 늘어날수록 칭찬과 찬사도 늘어날 것이고, 부모는 아이가 재능 발달의 바른 길을 가고 있다고 확신할 수 있게 된다. 바로 이것이 모든 부모의 희망사항이다. 목표에 점점 가까워지고 있다는 증거이기 때문이다.

● 중도 탈락:
내 아이가 더는 최고가 되고 싶어 하지 않는다면

때로는 재능이 많더라도 재능을 발휘할 의지가 없는 아이들도 있다. 다음 유형에 속하는 아이들에게 그런 가능성이 있다.

• 언제나 초보인 아이

계속 새로운 분야에 도전하고 싶어 하는 아이들이 있다. 처음에는 합창단에 가입한다. 그다음에는 하키를 하겠다고 한다. 바둑도 배우겠다고 한다. 무엇을 하든 얼마 지나지 않아 처음의 열의가 식는다. 아이는 계속 하던 것을 그만두고, 새로운 것에 도전하기 위해 여러 핑계를 댄다.

• 언제나 지나치게 열심인 아이

자기의 재능도 잘 알고 욕심도 있고 자신에게 큰 기대를 걸면서 늘 최고가 되고 싶어하는 아이들이 있다. 스스로 정한 목표를 이루기 위해 온갖 노력을 한다. 그러나 경우에 따라서는 생각만큼 실력이 빠르게 발전하지 않을 수 있다. 그렇게 되면 아이는 더욱 더 연습을 하며 더 많은 시간과 노력을 투자하려고 한다. 그러나 결과가 성공적이어도 아이는 훈련과 스트레스를 견디지 못하며 늘 만족하지 못하고 중간에 그만둘 수밖에 없다.

• 언제나 긍정적인 아이

자기의 재능을 자랑스러워하고 자기 재능을 발달시킬 의지와 의욕까지 갖췄던 아이라도 지나치게 많은 시간과 노력을 해야 하는 연습이나 훈련일 경우, 조금의 망설임이나 고민 없이 기꺼이 연습을 포기하기도 한다. 성공하는 것, 최고가 된다는 것이 뭐 그리 중요하냐는 식의 사고방식을 갖고 있다면 그렇다. 물론 맞는 말이기도 하다.

세상을 놀라게 하는 신동들에 대하여

볼프강 아마데우스 모차르트는 이미 다섯 살에 첫 미뉴에트 곡을 만들고 신동으로 추앙받았다. 사람들은 궁금했다. "도대체 그런 재능은 어디에서 나오는 것일까?"

모차르트는 태어날 때부터 음악을 접했다. 궁정 음악감독이자 음악 교육가였던 아버지 레오폴드 모차르트는 늘 집에서 곡을 만들고 악기 연습을 하고 자식들에게 음악을 가르쳤다. 이러한 가정환경에서 자란 볼프강이 음악이라는 '언어'를 다른 아이들보다 빨리 익히고, 말을 배우면서 동시에 악기를 다루게 된 것은 당연한 일이다. 아기 때부터 늘 음악에 젖어 있고 음악이 풍성한 '환경'에서 자란 사람에게는 음악이 삶의 동반자다. 그런 사람은 음악 없이 살지 못할 것이다. 레오폴드 모차르트는 아들에게 이런 환경을 제공했을 뿐 아니라, 녹록지 않은 계획에 따라 악기 연습을 하도록 아들을 엄격하게 다루었다. 볼프강은 하루도 빠짐없이 날마다 연습했다. 오늘날 이렇게 엄격하게 자식을 다루는 부모는 많지 않다. 그런 아버지 덕분에 일찍 음악 자극을 받은 볼프강은 음악적 재능을 타고난 사람일 뿐 아니라, 보통 사람에 비해 잘 훈련되고 교육받은 사람이었다.

적잖은 천재들이 그러하듯 볼프강 역시 음악 이외의 다른 분야에서는 부족한 점이 많다고 느꼈다. 예를 들어, 사회생활능력이나 언어능력은 부족하다고 느꼈다.

03

아이의 재능을 개발하는
기본적인 지도 방법

부모가 조금만 도와준다면 아이들은 훌륭한 음악가가 될지도 모른다. 아

무리 천재라도 혼자서 천재가 될 수 없기 때문이다. 누군가가 뛰어난 재

능을 찾아 개발해주고, 그 재능을 발휘할 수 있게 지원해주어야 한다.

나무는 좋은 토양에 심어야 열매를 맺듯, 재능만 있다고 해서 다가 아니

다. 일단 재능을 심을 토양을 잘 관리해주어야 한다. 머리에 깔때기를 꽂

고 지식을 들이붓는 식의 교육은 아무런 도움이 되지 않는다. 아이 스스

로 호기심을 느끼게 하는 환경을 만드는 것이 훨씬 효과가 있다.

뇌는 출생 직후부터 사춘기에 접어들기까지 매우 빠른 속도로 발달한다. 신경들 사이의 연결고리는 출생 이후에 만들어진다. 어떤 신경들끼리 연결할지, 어떤 신경들은 발달하지 않고 그대로 성장을 멈출지, 이것은 기능주의적 기준, 즉 그 신경이 얼마나 사용되는지에 따라 결정된다.

특히 생후 몇 년은 훗날 사용될 뇌의 구조가 결정되는 중요한 시기다. 이 시기에 다양한 종류(사회적, 인지적, 미적능력과 같은)의 기본적인 능력이 갖춰져야 이후에 이 토대 위에 재능이 자라고 꽃필 수 있다.

재능이 아무리 많다 해도 아이가 이 재능을 나타낼 의욕이 없다면 아무런 소용이 없다. 열두 살에 피아노를 배우기 시작한 아이는 나중에 훌륭한 피아니스트가 될지는 몰라도 유명한 피아노 천재가 되기는 어렵다. 다시 말해 성공적인 열매를 맺으려면 재능을 이른 시기에 발견해야 하며,

멈추지 않고 끊임없이 관리해야 한다.

필수 불가결한 요소

재능을 개발하는 데는 인내, 훈련 및 그밖의 많은 것들이 필요하다.

● 몰입 자기가 관심을 둔 분야에 에너지를 모두 쏟고 그 분야에 푹 빠지는 것을 '몰입'이라고 한다. 무엇인가에 마음을 빼앗기는 이 현상은 목표 달성을 위해 욕심을 내거나 집중하는 것과는 다른 느낌으로 행복에 더 가까운 느낌이다. 마음 깊은 곳에서부터 샘솟는 기쁨과 행복을 느끼게 해주는 것이다.

그림을 그리면서, 계산을 하면서, 글을 쓰면서, 생각을 하면서 또는 특정한 뭔가를 하면서 행복과 만족을 느끼는 사람은 그 분야에서 자신의 재능을 발견하고 개발할 최상의 조건을 갖춘 사람이다.

아이가 이런 행복을 느끼게 하는 부모는 재능을 개발하는 데 가장 훌륭한 지원자다. 몰입할 특정 분야를 발견했다는 것은 아이의 재능을 개발하는 가장 기본적이면서 튼튼한 기반이 다져졌다는 이야기다. 그다음으로 부모는 좋은 조언자로 다양한 지식과 경험을 전달해주는 역할을 맡으면 된다. 교사, 트레이너 등의 전문 지도자들과 함께 아이의 발달을 책임지는 존재가 바로 부모다. 이런 부모에게 아이에게 숨겨진 재능을 발견하기 위해 가장 절실한 것은 아이를 이해하는 마음과 시간, 인내다.

부모들 대부분은 자기 자식을 위한 가장 훌륭한 동반자다. 부모는 아이가 요구하는 것을 잘 파악할 수 있는 감각을 갖고 있으며 대개 직감적으로 무엇을 해야 하는지, 무엇을 하지 말아야 하는지를 안다. 재능을 키워주는 일에서도 그러하다. 아이의 욕구를 살피는 부모라면 아이가 보내는 신호를 이해하고 적합하게 반응할 수 있다.

특별히 심각한 고민 없이도 부모는 아이를 위해 지금 무엇을 해야 할지 알 수 있다. 이때 부모는 직관과 무의식의 느낌을 따르게 된다. 내면에 있는 이 놀라운 힘은 무엇보다 아이의 능력을 파악하고 아이의 욕구를 알아내는 능력이 다른 사람보다 뛰어난 예민한 사람들에게서 두드러지게 나타난다. 공감을 잘 하는 사람이라면 아이가 성인의 축소판이 아니라 전혀 다른 존재라는 점을 잘 안다. 아이가 느끼고, 생각하고, 경험하는 방식은 어른과는 전혀 다르다. 그 과정을 관찰하며 아이의 활동에 참여하고 함께 놀아주다 보면 놀라지 않을 수 없다.

시도해보라

아이의 재능을 키워주는 가장 좋은 방법은 시도를 해보는 것이다. 다시 말해 아이에게 자기 자신과 자기 능력을 시험해볼 기회를 제공하라는 말이다. 화실도 좋고, 수영장도 좋고, 수학경시대회나 독서대회도 좋다. 자기 능력을 스스로 발견하고 발휘할 수 있어야만 자기의 장점(그리고 단점)이 어떤 것인지 알 수 있다. 재능을 살리려면 재능을 활용하고 아이디어를 모으고 자신 있게 시도를 해볼 의욕과 시간이 있어야 한다. 스스로 시도해본 후에야 아이는 자기 재능을 발전시키려는 동기와 의욕을 찾을 수 있다.

아이에게 시도할 수 있는 충분한 시간과 여유를 주는 것이 바람직하다. 갑갑한 환경보다는 자유로운 환경에서 재능이 더 잘 발달할 수 있으므로 아이에게 최대한의 자유를 허용하자. 아이가 태어나면서 타고난 호기심과 새로운 것에 도전해보려는 의욕과 즐거움을 최대한 다 발휘할 수 있게 해주고, 아이의 학습 의욕을 높이고 재능이 꽃을 피우고 성장할 수 있게 해주자. 그러려면 우선 아이에게 자유를 주어야 한다. 하지만, 다른 한편으로 유치원 나이의 어린아이들은 적극적이고 늘 자기 자신을 위해 대기하며 인내심이 많고 사랑해주는 지원자를 원하므로 부모에게 의존하게 마련이다. 부모는 아이에게 용기와 믿음을 주고 아이가 막다른 골목에 갇혔을 때 빠져나올 수 있도록 도와주어야 한다. 해결 방법을 제시해주고 아이의 재능에 감탄하며 기뻐해주어야 한다. 아이에게 적극적인 자세를 보이고 아이와 공감하며 동참한다면 부모의 이런 자세가 아이의 재능을 키우는 촉매가 될 것이다.

자유 속에서 자립심을 키워주어라

부모의 중요한 역할은 늘 뒤에서 아이를 지켜보며 무엇이 아이를 움직이는지 파악하면서 동시에 아이가 자립심을 기를 수 있도록 돕는 것이다.

- 아이는 자립하려고 하며, 가능한 한 빨리 뭐든 혼자 해보려고 한다. 아이는 스스로 또는 다른 사람들과의 관계 속에서 자기 재능을 발달시키기 위한 좋은 토대를 마련해 경험을 통해 지혜로워지고 싶어 한다. 가능한 범위 안에서 자기 힘으로 무언가를 결정하고 관리해나가도록 아이를 믿어보자. 부모가 보이는 신뢰는 아이를 성장하게 하는 가장 좋은 발달 동력이다.
- 최대한 편안하고 자유롭고 창의적인 집안 분위기를 만들기 위해 노력하자. 재능은 때로는 엉망진창으로 보일 만큼 편안하고 즐거운 분위기 속에서 꽃피기 때문이다.
- 아이에게 많은 환경, 아이의 호기심을 자극할 만한 놀이 공간 및 여러 놀이 재료를 제공해주자. 다시 말해 책, 연필, 종이, 찰흙, 블록 등과 같이 완성된 장난감이 아닌 수많은 놀잇감으로 변할 수 있는 놀이 재료를 주어 '과학자'가 '실험실'에서 연구하듯 아이가 실험하고 연구할 수 있는

환경을 만들어주자. 아이는 자기가 필요한 것들을 골라내어 사용할 것이다. 본능적으로 자기가 사용하기 적당한 재료, 자기 발달을 위해 사용해볼 만한 재료, 한 단계 전진하기 위한 도구들을 찾아낼 것이다.

● 아이와 함께 많은 대화를 나누면서 아이에게 숨어 있는 재능을 어떻게 그리고 어디에서 실현하게 하는 것이 가장 좋을지 상상해보자. 아이에게 직접 제안할 기회를 주고 결정을 내릴 때에도 아이와 함께 결정을 내리는 것이 바람직하다.

모델을 찾아라

누구나 모델을 찾고, 그 모델의 사고방식이나 행동을 따라하려고 한다. 아이들은 다른 사람과 함께한 경험, 즉 가족이나 친구들과 함께한 경험을 통해 생각하고 행동하는 방식을 배운다. 따라서 대화, 웃음, 놀이, 모든 종류의 접촉이 아이에게는 중요한 메시지가 되며, 자기 발전을 위한 동기가 될 수 있다. 그렇다면 아이에게 어떤 사람이 좋은 모델이 될까? 아이들은 어디에서 본받을 만한 사람을 발견하는가? 자기 재능을 실현하는 법은 누구에게 배우는가?

가족을 모델로 삼는다

아이는 먼저 부모를 모델로 받아들이며, 부모의 사고방식과 행동을 따른다. 부모의 행동, 생각, 감정을 관찰하고 자기 자신의 모습을 그려보며 이미 이 과정에서 자기 재능을 발견하기도 한다. 오늘날에는 아주 가까이에서 같이 생활하는 사람의 수가 적기 때문에 부모가 아이의 '가장 큰 모델'이며, 과거 대가족 안에서 다른 가족 구성원이 맡았던 역할까지도 담당해야 한다.

예를 들면 다음과 같다.

- 형제자매는 상자를 이용해 자동차 만드는 법을 가르쳐줄 수 있다. 또한 과학상자를 이용해 연기를 만들어 보여주기도 한다. 독서를 통해 즐거운 모험을 할 수 있다는 사실도 알려준다.
- 할아버지와 할머니가 가까운 곳에 살면서 손자나 손녀를 돌본다면, 아이에게 개미나 벌에 대한 상식을 가르쳐줄 수 있다. 애플파이 굽는 방법이나 봄에 피는 꽃의 이름을 알려주기도 한다. 엄마 아빠 세대에 있었던 이야기 혹은 옛날이야기를 전달하는 중요한 역할을 담당한다.

친구를 모델로 삼는다

아이들은 자립하려는 욕구가 있기 때문에 나이가 들수록 '또래'를 중요하게 여긴다. 아이가 가장 오랜 시간을 함께 보내는 대상이 바로 친구다.

경우에 따라서는 친구가 가족을 대신하거나 가족의 역할을 보충해주기도 하며 안정감을 준다.

친구와 함께하는 경험은 친구와의 강한 유대감을 형성해준다. 친구는 특히 사춘기 이전 및 사춘기 시절 함께 음악을 듣기도 하고, 문제가 생기면 함께 해결책을 찾는 상대다. 또한 비밀을 털어놓는 상대이기도 하다. 아이는 친구와 함께 삶의 가치관과 삶에 대한 기준들을 발견해나간다. 그리고 자기 재능을 발견하기도 한다.

부모의 역할은 친구와 함께 겪는 아이의 발달과정을 지켜보는 것이다. 친구들 사이에서 무슨 일이 일어나고 있는가? 아이들은 무엇을 꿈꾸는가? 미래를 어떻게 상상하는가? 어린아이들과 청소년들은 자기 나름의 비밀이 있어야 한다. 부모라고 해서 자식에 관한 모든 것을 다 알아야 하는 것은 아니다. 만약 친구와의 관계가 나빠지면 아이가 안 좋은 방향으로 접어들 수도 있다. 예를 들어, 친구끼리 서로 공격적인 태도를 보일 수 있는데, 이때는 부모로서 "멈춰!"라고 말해야 한다.

컴퓨터와 인터넷은 정보가 가득 담긴 마법 상자로 친구들과의 관계를 멀어지게 하는 원인이 되기도 한다. 아이들은 친구보다는 컴퓨터와 인터넷상에서 정보와 자기가 따를 모델과 대화의 상대를 찾을 수도 있기 때문이다.

가족이나 친구들과 함께한 경험을 통해
생각하고 행동하는 방식을 배운다.

내가 좋아하는 스타를 모델로 삼는다

스타에 대한 애정은 일찍 시작된다. 아이들은 초등학교 2학년이나 3학년쯤 되면 좋아하는 스타가 생긴다. 스타는 대부분 자기가 닮고 싶어 하는 모델이다. 아이들은 자기가 좋아하는 스타처럼 재능이 많은 대단한 존재가 되기를 꿈꾼다. 그래서 스타의 말투와 태도를 흉내 내면서 가족의 일상과는 다른 먼 많은 생활 방식이나 행동 양식을 시도해본다. 스타에 대한 애정과 스타를 모델로 삼는 것은 자기 자신의 정체성을 찾아나가는 데 도움이 된다.

창의력을 계발하라

전문가들은 재능은 주어진 능력에 창의력이 더해져야 재능이 발휘된다고 말한다. 늘 새로운 도전 과제와 독특한 문제 해결 방식을 찾는 사람은 다른 사람들로부터 창의적이라는 찬사를 듣는다. 창의력은 익숙한 기존의 생각이 아니라 서로 전혀 관련성이 없을 것 같은 요소들을 연결해 새로운 아이디어를 내는 능력을 말한다. 창의력은 어떤 과정을 통해 발휘되는가?

● 분석 먼저 주어진 과제를 분석한다. 그다음에 내가 가진 지식과 능력 중 어떤 요소들이 이 문제를 해결하는 데 도움이 되는지, 어떤 부분에

서 지식이 부족하거나 내가 가진 생각과 문제가 서로 모순을 일으키는
지를 파악한다.

- 질문 지금까지 생각했던 모든 것에 대해 의문을 제기한 다음, 그 생각
들을 말 그대로 흩뜨려보자. 생각을 그냥 놓아버리자.
- 점검 즉흥적으로 새로운 아이디어가 떠오르면 그 아이디어가 사용할
만한지 점검한다.
"어떤 아이디어는 쓸 만하고, 어떤 아이디어는 쓸모가 없는가? 어떤
아이디어가 주어진 조건에 맞는가? 해결책이 성공적인 결과를 가져올
까?"
- 해결책 적용 가능한 해결책을 고안해낸다.

특히 학교에 가기 전 나이는 창의력이 발달하기 쉬운 때이다. 이 시기
아이들은 세상을 탐색하려고 할 뿐 아니라, 무엇이든 직접 창작해보려는
욕구가 있다. 그래서 덤불 속에 기존의 집과 전혀 다른 자기만의 독특한
집을 짓는 놀이를 좋아하기도 한다. 특이한 로켓을 만들거나 괴물이나 공
주님을 생각해내기도 하고, 서커스 단장이 되어 새로운 공연을 보여주고
싶어 하기도 한다. 아이들은 모든 종류의 새로운 아이디어를 받아들일 준
비가 되어 있으며, 적극적이고 생산적이고 용감하다. 열정적으로 당장 뭔
가를 해보려고 하며, 신기한 뭔가를 발견하고 큰 산을 옮기는 상상도 한
다. 그래서 이 시기에는 많은 것들이 가능하다고 믿는데, 예를 들어 동화
가 현실이 될지도 모른다고 기대한다.

아이에게 해결해야 할 과제를 주면, 아이는 과제를 재미있게 놀이처럼 해 나간다. 그러면서 지금까지 해왔던 방식이 아닌 새로운 방법을 찾고 익숙하지 않고 흥미진진한 새로운 시각을 발견하기 위해 계속해서 새로운 아이디어를 짜낸다. 이는 아이의 재능 발달에도 상당히 긍정적인 영향을 미친다. 아이는 유연하고, 새로운 것을 수용할 준비가 되어 있기 때문에 어른과 달리 익숙한 사고방식의 틀에 매이지 않는다.

아이는 무엇보다 삶을 개척해나가는 과정에서 창의력, 독창성, 개성을 발휘한다. 예를 들어 지렁이를 관찰하면서 그 지렁이가 꽃밭이 아니라 화분에서도 살 수 있을지가 궁금해질 때 발휘된다. 또는 천사들이 교회가 어떤 곳인지 알고는 있을까 궁금해할 때 발휘된다. 아니면 강아지가 오랫동안 어미와 떨어져 있어도 어미를 알아볼 수 있을지가 궁금해질 때 발휘된다.

어떤 질문이든 의문점을 품을 때, 아이는 삶에 대한 자기만의 특별한 시각과 세상이 감춘 비밀을 밝혀내고자 하는 의욕을 드러낸다. 부모는 아이의 질문을 무시하지 않고 인내심을 갖고 아이의 설명을 기다릴 때 비로소 아이의 특별한 사고방식을 알아낼 수 있다. 아이의 독특하고 개성 있는 질문과 대답은 아이의 창의력뿐 아니라 사고력과 새로운 것을 밝혀낼 수 있는 능력도 증명해준다. 이는 아이들 대부분이 갖고 있는 재능이다.

자기 자신에게 지나친 기대를 가진 아이

어떤 아이들은 완벽주의자여서 자기 스스로 지쳐버리는 일도 있다. 일등을 하려는 간절한 소망에 그 목표를 달성하지 못하면 화를 이기지 못하는 아이들이 있다. 이러한 아이들은 지는 것을 참지 못하며 조금만 실패해도 자포자기해버린다. 자기 자신에 대한 지나친 기대가 충족되지 않고 실패를 감내해야 할 경우, 자기가 성장하고 발달할 기회 자체를 포기해버리기도 한다. 이런 아이들은 대개 신경질적으로 반응하며 결과를 인정하지 않으려고 한다. 이러한 태도는 삶을 어렵게 만든다. 그뿐 아니라 자기 자신에 대한 기대가 지나치게 커지면 자신에 대한 다른 사람들의 인정이 아무런 의미가 없어진다.

창의력을 키워주는 방법

샘솟는 아이디어와 창의력은 재능을 자동으로 발달시킨다. 따라서 재능 개발은 창의력을 빼놓고 생각할 수 없다.

● 아이가 학습 영역을 새로운 영역으로 넓혀갈 수 있도록 도와주자.

● 아이의 창의력에 열려 있는 태도를 보이며 관심을 두는 것이 좋다.

● 부모로서 아이가 창의력을 발휘하도록 만들어 주고, 직접 창의력을 보였을 때 기뻐해주면 아이는 부모의 이런 긍정적인 태도에서 좋은 영향을 받을 수 있다. 아이는 부모를 모범으로 삼아 창의력을 배우게 된다. 그러나 모든 아이에게 같은 수준의 창의력과 발명능력이 있는 것은 아

니다. 부모도 어렸을 때 얼마나 창의적이었는지를 생각해볼 필요가 있다. 무엇을 위해 창의력을 발휘했는가? 어떤 아이디어에 집중하며 즐거워했는가? 어린 시절의 창의력은 어디로 갔는가? 창의력이 거의 다 없어졌다면 무엇 때문에, 혹은 누구 때문에 없어졌는지 떠올려보자. 자신의 창의력을 찾아 시간을 거슬러 가보자.

- 아이에게 기본 지식을 가르치며 아이가 자신의 능력을 발휘할 수 있도록 도와주자. 기본이 되는 교양을 갖춘 사람만이 시야를 더 넓힐 수 있기 때문이다. 그리고 더 넓은 시야가 창의력을 키워준다.

- 아이들은 어른보다 실험하고 도전하는 것을 좋아하며, 새로운 시도를 즐긴다. 또한 커뮤니케이션 가능성과 여러 표현방법들을 시도해보고 완성해보려고 한다. 미술, 음악, 팬터마임, 춤 등과 같은 새로운 언어에 도전하기도 한다. 아이가 이러한 실험 정신을 발휘하도록 도와주자.

- 아이에게 관심을 보여주어라. 아이가 무엇을 원하는지 귀를 기울여보자. 아이의 아이디어, 계획, 소망 등에 관해 아이와 대화를 해보자. 말도 안 되는 아이디어나 유치하고 장난스러운 상상이라고 해도 관심을 보여주자. 아이가 어른스러운 생각을 할 것이라고 기대하지 말아야 한다.

- 부모로서 지나친 기대나 평가, 수정, 조언은 삼가도록 한다.

- 아이가 낸 아이디어와 생각들을 정리하고 배열하는 방법을 아이에게 알려준다.

- 적극적으로 이런저런 것들을 제안하고 싶어도 최대한 아이에게 주도권을 주고 간섭하지 않도록 하며, 아이가 원할 때에만 개입하도록 한다.

- 아이가 최선을 다해야 하는 도전이라고 느낄 수 있는 과제만을 제시한다. 더 좋은 방법은 아이가 직접 아이디어를 내고 실천하도록 격려하는 것이다.

- 아이는 물어볼 사람이나 자기가 생각해낸 것들을 보여줄 사람이 없으면 창의력이 점차 사라질 수 있기 때문에, 부모는 아이가 언제든 말을 걸 수 있는 파트너가 되어야 한다.

- 아이와 함께 주어진 문제를 해결하기 위하여 다양한 해결 방법들을 찾아보자. (이때 찾아낸 방법들을 미리 평가해버리는 것은 바람직하지 않다.) 여러 가지 대안을 찾아보고 나서 어떤 것이 좋은지, 어떤 것은 별로인지 함께 구분해보자.

- 창의력은 여유가 있어야 제대로 발달할 수 있다. 가정에서 그리고 학교에서 여유가 있어야 아이는 창의력을 발휘하고 계발해나갈 수 있다.

- 아이가 자기 능력이나 지식에 만족하며 주어진 과제를 통해 성장하고 자기 속에 있는 창의력이 발휘되는 것을 보며 즐거워하더라도 재능이 발달하기 위해서는 다른 여러 여건들까지 다 충족되어야 한다. 재능이 가시화되고 창의력이 커나가기 위해서 아이는 자존감, 인정, 용기 등이 필요하다. 부모가 아이를 응원해주면서 동시에 용기를 주는 것은 아이를 위한 좋은 자극제다.

자신감을 키워주어라

또 하나의 재능 개발 방법은 아이의 자신감을 키워주는 것이다. 자신이 있는 사람은 자기의 재능을 충분히 발휘할 수 있기 때문이다. 자신감과 관련하여 우리는 여러 가지를 궁금해한다.

"내 능력이나 내게 있는 부족함에 세상은 어떻게 반응할까?"

"내 주변 사람들은 어떻게 반응할까?"

아이는 이러한 질문을 던지며 자신을 관찰하고 자기의 단점과 장점을 찾아내려고 한다.

- 자신감이 있는 아이는 자신이 목표를 달성할 수 있을까에 대해 의심하지 않는다. 이런 아이는 온갖 노력과 재능을 다해 나아가며 어려움이 생겨도 물러서지 않는다. 주도권을 쥐고 끝내 승리한다. 자기 자신과 자신의 재능에 대한 확실한 믿음이 있는 아이는 자신이 해낼 수 있다고 확신하며 가능한 한 빨리 성공할 수 있도록 스스로 힘을 북돋는다. 그리고 성공 경험이 쌓이면 자신에 대해 점점 더 긍정의 자세를 갖게 된다. 자기 자신에 대한 믿음은 산을 옮기는 기적도 이뤄낼 정도가 된다. 자신감은 재능이 그다지 뛰어나지 않은 아이라도 천재로 만들어준다.
- 자신감이 부족한 아이는 쉽게 포기하며 자기 능력을 발휘할 의욕을 잃고, 목표를 달성할 충분한 재능이 있음에도 실패하는 일이 많다. 아무리 재능이 많아도 자신감이 없으면 재능을 반도 발휘하지 못하기 때문

이다.

자신감이 아이를 강하게 만들어주며, 긍정의 경험을 가능하게 해준다는 사실은 누구에게나 적용되는 원리다. 충분한 자신감이 있다면 인생을 안정되게 꾸려나가게 마련이다.

- 자신감은 아이를 목표에 다가가도록 돕는다. 자신감이 넘치는 아이는 본능적으로 스스로 감당할 수 있는 과제를 선택한다. 자기 자신이 돋보이지 못할 영역은 피한다.
- 자신감은 앞으로 나아가기 위해 들여야 하는 노력의 양을 결정한다. 자기 자신과 자기 능력에 확신이 있는 사람은 그렇지 않은 사람보다 더 많은 에너지를 투자하며, 실패도 쉽게 떨쳐버린다.
- 자신감은 아이의 사고방식을 결정한다. 자신감으로 똘똘 뭉쳐있다면 성공을 향해 다가가게 해주는 암시들이 눈에 보이고 걱정이 사라지기 때문이다.
- 자신감이 있는 사람은 성공을 자기 재능을 통해 이룩한 성과이자 노력의 대가라고 생각하며, 실패는 그저 고약한 운명의 장난이라는 식으로 넘길 수 있다.

꿈같은 일 : 아이는 자면서도 배운다

　긍정적 사고, 여러 방면에 대한 관심, 많은 경험, 넓은 지식은 뇌에서 정보가 뿌리내릴 수 있게 해주는 좋은 조건이다. 지식이 머릿속에 자리를 잡는 과정은 잠을 자는 동안에도 일어난다고 과학자들은 말한다. 숙면을 취하는 동안에는 각종 지식과 데이터가 더욱 잘 정착하는데, 그 정도는 수면 단계 및 꿈 단계에 따라 달라진다고 한다. 또 사람마다 낮에 일어난 일들과 수집한 정보를 처리하는 데 필요한 수면의 양이 다르다. 꿈은 이 '정리 작업'을 수행하는 데 있어 특별하고 중요한 의미를 지닌다. 꿈은 다양한 인상을 분류하고 정리하도록 도와주며, 공포, 기쁨, 슬픔 등과 같은 감정들을 처리한다. 참고로 사람은 어릴수록 꿈을 더 자주 꾼다.

　꿈에서는 불가능한 것도, 금지된 것도 없다. 세 살이나 네 살밖에 안 된 꼬마의 꿈에서는 뱀, 악어, 사자, 호랑이, 개, 고양이 등과 같은 동물 형상이 자주 등장하는데, 이 동물들은 각각 특정 대상을 상징한다. 나이가 들수록 꿈이 복잡해진다.

　어른이 먼저 자기가 꾼 꿈에 대해 이야기하면서 아이에게 아이가 꾼 꿈에 대해 물으면 아이는 꿈을 기억해내고 꿈에서 본 것들을 이야기한다. 아이가 들려주는 꿈 이야기를 진지하게 들어주고 조심스럽게 다뤄야 한다. 특별히 즐거웠거나 인상 깊은 꿈의 내용을 그림으로 그리거나 찰흙으로 표현해보는 것도 좋은 방법이며, 장난감을 이용하여 재현해볼 수도 있다. 무서운 꿈 때문에 괴로워해도 이러한 놀이를 통해서 극복할 수 있다. 꿈에서 본 괴물을 '착한 친구들'의 도움으로 장난감 배에 가두고 멀리 보내버리는 등의 놀이가 도움이 된다.

자신감을 키워주는 방법

자신감을 심어주고 키워주는 일은 부모가 해야 할 중요한 임무로, 특히 재능을 개발해주기 위해서는 보다 더 중요한 임무 가운데 하나이다.

- 성공 경험 만들기 좋은 성과를 내어 재능이 많다는 소리를 듣는 사람은 성공한 경험이 많다. 성공한 경험은 마음과 영혼을 위한 보약이다.

- 칭찬하고 상주기 어린아이들은 자기 재능을 발휘하기를 좋아한다. 그림을 열심히 잘 그리는 것, 춤이나 글쓰기나 탁구를 잘하는 것은 기분 좋은 일이며 새로운 아이디어를 샘솟게 하는 에너지를 만들어준다. 무엇이든 잘하는 것 때문에 칭찬과 인정과 박수를 받게 되면 그것 때문에 더 집중하고 자기 재능을 한껏 발휘할 수 있다. 아이에게 계속해서 칭찬을 해주어라. 칭찬은 의욕이 생기게 한다. 자화상을 그리는 일 등과 같이 아주 작은 것에도 칭찬을 아끼지 말자.("그림을 이렇게 잘 그리는 줄은 정말 몰랐구나!") 애플파이를 구운 아이의 어깨를 두드리며 아이를 인정한다는 사실을 알려주자.("정말 맛있는 파이구나!") 받아쓰기 시험을 잘 본 아이를 칭찬해주자.("받아쓰기 실력이 날로 좋아지는구나!") 운동 경기에서 상을 받은 아이에게도 마찬가지다.("네가 정말 자랑스럽다!") 종종 칭찬과 함께 상을 주는 것도 좋다. 상은 아이에게 좋은 자극제가 되지만, 당연한 것이 되어서는 안 된다. 아이에게 지나치게 칭찬을 해주며 시도 때도 없이 상을 주면 칭찬과 상이 더는 동기를 유발하지 못하며 오히려 아이에게 의구심을 갖게 한다.("이렇게 작은 일에도 칭찬을 받는 걸

보니, 난 별 볼 일 없는 사람이구나.") '아하 경험(aha experience)'이 가장 좋은 방법으로, 때로는 박수갈채보다 아이에게 더욱 힘을 북돋워준다.

- 용기 주기 특별한 재능을 발견하고 발전시키려는 아이라도 종종 좌절하게 마련이다. 내 열정이나 재능은 훌륭한 바이올린 연주자가 되는 데 충분할까? 이 정도 노력이면 축구를 정말 잘할 수 있을까? 새로운 것에 도전해보고 새로운 것을 시도해볼 용기와 열린 마음은 아이도 어른과 마찬가지로 자신감이 클수록, 다른 사람과 삶에 대한 신뢰가 깊을수록 커진다. 따라서 아이에게 계속해서 자신감을 심어주는 것이 중요하다.

- 집중력 강화하기 아이들은 일찌감치 선호와 관심 그리고 아이의 이러한 성향을 통해 재능을 나타낸다. 어떤 아이는 그림 그리는 것을 좋아한다. 몇 시간이고 그림을 그리는 아이의 재능에 사람들은 신기해한다. 어떤 아이는 자진해서 집중하여 플루트 연습을 한다. 그리고 꽤 연주도 잘 한다. 한 가지 일에 몰두하는 아이들은 그 분야에서 놀라운 능력을 나타내며 좋은 성과를 올리는 경우가 드물지 않다. 선천적인 천재가 아니어도 충분히 가능한 일이다. 그러므로 아이가 해낸 일들과 노력에 대해 감탄해주고 자랑스러워해주자.

- 실수 허용하기 실수와 실패는 삶의 일부분이다. 실수를 해도 두려움이 없는 아이는 실수가 긍정적인 효과도 있다는 것을 안다. 실패와 장애물에 부닥쳐도 포기하지 않고 다시 시작할 수 있다는 사실을 배우며, 어려움이 있어도 자기 자신에 대해 믿는 법을 배우게 된다. 이러한 경험은 자신감을 키워주며 아이가 발달하는 데 큰 도움이 된다.

● 스트레스와 공포는 재능 개발에 치명적이다

　치맛바람을 일으키는 엄마는 지나친 욕심 때문에 아이를 최고로 만들기 위해 몰아세우는 목표 지향적인 엄마다. 지속적으로 목표를 달성하도록 강요받는 아이는 심한 스트레스에 시달리며 공포를 느낀다. 기대에 미치지 못하게 될 것에 대한 두려움, 시험을 망치거나 대회에서 수상하지 못하게 될 것에 대한 걱정은 스트레스의 원인이다. 두려움과 스트레스는 즐거움을 앗아가며 아이를 가두는 감옥으로 작용한다. 아이는 두려움에서 벗어나기 위해 모든 에너지를 쏟으므로 창의력은 떨어진다. 그 결과 불안, 흥분, 자신감 부족 등의 부작용이 나타난다. 아이는 만성적인 긴장 상태에 빠진다. 스트레스와 두려움 속에 있는 아이는 자기 능력을 발휘하기는 하지만 동시에 항상 부정적인 감정을 느낀다. 늘 불안한 마음으로 피아노 지도를 받으러 가는 아이는 훗날 피아노를 연주할 때에도 그 불안한 마음을 떨쳐버리기 힘들다.

　긴장 상태에 있는 아이는 평온함을 찾기 위해 모든 것을 다 거부하고 특히 재능을 발휘하거나 개발하는 일이라면 더더욱 싫어하게 될 수도 있다. 스트레스와 두려움은 재능 개발을 방해한다. 재능이 아무리 많아도 소용없다. 이런 상태라면 연습이나 학습이 무의미하다. 만약 아이가 느끼는 부담이 커지며 머릿속이 더 혼란스러워지면 기존에 저장되어 있던 지식이나 능력마저 잃어버려 더는 활용할 수 없게 될 수도 있다. 조기에 발달하여 이미 깊숙이 자리 잡은 능력만이 발휘될 뿐이다. 과도한 요구, 스트레스, 두려움에 시달리는 아이들은 흔히 어찌할 바를 모르고 소리를 지르며 난폭해진다. 또는 고집스럽게 변하여 자신의 재능에 대해 전혀 알고 싶어 하지도 않는다. 완전히 소극적으로 변하여 방에서 나오려고 하지 않는 아이들도 있다. 더는 어떻게 해야 할지 모르고 자신을 부끄럽게 생각하기 시작한 아이들은 주로 분노를 표출하며 난폭해지거나 경험한 실패와 좌절 탓에 의기소침해진다.

그렇다면 부모는 이런 감정에 어떻게 대응할 수 있을까? 아이에게 먼저 신뢰를 심어주자. 아이에게 자신감을 주자. 신뢰는 상처를 보듬어주며, 혼란스러운 생각을 정리하게 해주며, 재능 발달을 위해 필요한 개방적인 자세와 평온함을 회복시켜준다.

이런 이유에서 아이는 자신에게 안정감을 주며 자기 재능에 대한 확신을 주며, 위기 상황을 극복할 수 있도록 옆에서 힘이 되어주는 사람과 친밀한 관계를 맺고 싶어 한다. 아이에게는 잔소리가 아니라 재능을 발견하고 개발하기 위해 어떻게 해야 하는지를 몸소 보여주는 사람이 필요하다. 이러한 안정적이고 넓은 토대 위에서 아이는 자기 재능을 발달시키며 가능성과 능력을 꽃피울 수 있다.

동기 부여하기 : 열정적으로 동참하라

누구나 학습에 대한 의욕과 즐거움을 가지고 태어난다. 새로운 것을 습득하기 위한 동기는 주어진 것이므로 특별히 깨울 필요가 없다. 충분한 놀이 공간을 확보해주고 불필요하게 가둬두지 않으면 아이는 저절로 발달하게 되어 있다. 문제는 부모들이 그러지 말아야지 하면서도 아이를 제한하는 일이 많다는 것이다. 부모의 교육방식이 아이가 선천적으로 타고난 이런 의욕을 꺾어버리는 경우가 많다. 자기가 좋아하는 것에 몰두하며 자기 재능과 능력을 발견하고 발달시키려는 열정적인 동기가 사라져버린다. 아이에 대한 이해 부족이나 무관심은 아이의 동기를 쉽게 사그라지게 한다. 아이는 타고난 학습 의욕과 자기 자신을 발전시켜나가기 위한 힘과 에너지 그리고 그 기쁨을 잊어버리게 된다. 자기 지식과 능력으로는 더 전진할 수 없다는 사실을 깨닫는 순간, 아이는 동기를 잃어버린다. 아이는 자신이 뭘 좋아하든 뭘 하고 뭘 묻든 뭘 생각하고 느끼든, 주위 사람들 모두 관심이 없다고 생각하게 된다. 한번 사라져버린 동기와 의욕을 다시 살려내고 키워주기는 쉽지 않다.

동기를 키워주는 방법

아이들은 자기 능력을 발휘하는 걸 좋아하며 그 일에 기쁨을 느낀다. 자기가 잘하는 것을 하고 싶어 하는 마음과 의욕은 누구나 가지고 태어나는 것이기 때문에, 이러한 동기를 굳이 새로 심어줄 필요는 없다. 무엇인가에 열정을 느끼는 능력은 그 능력을 인정해주고 발휘할 충분한 공간이 제공될 때 놀랍게 발휘된다.

- 아이에게 자유롭고 편안하게 다양한 도전 과제를 수행할 수 있게 해주되, 지나치게 많은 자극이나 제안을 하거나 강요하지 말자.

- 아이가 의미 있는 시간을 보낼 수 있도록 지도하며, 아이가 노력을 기울이고 능력을 발휘해야 할 과제를 제시한다. 아이에게 동기를 유발할 만한 도전적인 과제를 제시한다. 아이는 자기의 발전 정도, 자기 능력에 적당한 과제에 도전해보고 싶어 한다. 그렇다고 해서 지나치게 어려운 요구를 해서도 안 된다. 그러나 중도를 찾기가 늘 쉬운 것은 아니다. 부모는 적당한 정도의 도전이 필요한 과제를 찾는 중요한 임무를 담당한다. 과연 그 기준은 누가 정하는가? 교사나 트레이너일까? 아이에게 제시할 도전의 난이도는 정확한 관찰과 직감과 신뢰를 근거로 결정해야 한다.

- 아이가 발달과정에서 새로운 단계를 달성하거나 감동적인 무언가를 해낼 때마다 기뻐해 주자.

- 부모는 새로운 발견에 대한 관심을 보여주어야 한다. 아이가 새로운 것을 발견하려고 탐색의 길에 오르거나 세상을 탐구해내려고 하거나 발견한 것들을 발표할 때 즐겁게 동참하자. 아이가 가장 좋아하는 일과 아이의 열정을 진지하게 받아들여야 한다. 아이의 눈높이에 맞춰 함께 하는 것이 중요하다.

- 아이가 주도적으로 행동할 때나 스스로 길을 찾아 나설 때에는 용기를 주되, 엄지손가락을 치켜들고 명령조로 아이에게 용기를 줄 것이 아니라 재미가 있고 재치있게 해보자.

- 아이가 나아갈 길 위에 있는 장애물을 치워주고 길을 평탄하게 해주자. (꼭 필요할 때만 그러자. 지나치게 자주 그러는 것은 바람직하지 않다.)
- 아이가 목표를 설정하고 목표를 향해 나아가고 그 목표를 달성할 수 있도록 용기를 주자. 아이가 실패하더라도 다시 도전할 수 있도록 용기를 주자.
- 아이의 인내심을 강화시켜주자. 아이가 하는 일을 부모가 함께해주는 것이 좋다. 달리기를 하면서 부모가 먼저 인내와 끈기를 보여주면 아이는 그 인내와 끈기를 배울 수 있다. 아이가 그림을 그다지 잘 그리지 못한다 하더라도 아이의 그림을 보며 감탄하는 것, 공놀이를 계속할 수 있도록 공놀이의 재미를 일깨워주는 것, 모두 아이의 인내심을 강화시켜주는 방법이다.
- 아이들은 제각기 자기만의 속도가 있다. 아이에게 자신의 속도를 찾을 수 있게 해주자. 어떤 아이는 시간이 많이 필요하며 무엇이든 깊이 파고들고 싶어 하지만, 어떤 아이는 지름길을 택하며 최대한 빨리 목표를 달성하는 것을 좋아할 수 있다.
- 아이가 뭔가를 바꿀 수 있고, 아이의 활동과 생산성이 다른 사람에게 영향을 줄 수 있음을 아이에게 깨닫게 해줄 기회를 제공하자. 아이는 이러한 경험을 통해 자신이 자기와 다른 사람에게 쓸모있는 일을 할 수 있다는 자신감을 얻게 된다.
- 질문을 이끌어내는 능력은 일찍 습득할 수 있는 능력이다. 아이는 자신이 던지는 질문에 대해 가능한 한 빨리 충분한 대답을 들을 수 있어

야 한다. 아이의 질문 공세와 호기심과 의욕에 부모가 긍정적으로 대응하며 함께 고민하며 질문을 던져주면, 아이는 자기 태도와 행동과 관점을 부모가 인정해주고 공감해준다고 느낀다. 이는 아이에게 계속해서 질문할 수 있는 동기를 유발할 뿐 아니라, 부모에게도 아이에게 숨겨진 특별한 관심이나 재능을 발견하게 해준다.

- 모든 성공 경험은 만족과 편안함을 준다. 아이는 이러한 바탕 위에서 새로운 것을 탐구하려는 더 큰 의욕을 갖는다. 그러나 강한 학습 의욕은 피로가 누적되고 휴식 기간이 늘면서 중단될 수 있다. 이 기간에는 그동안 습득한 것들을 복습한다. 바로 잠을 자면서(숙면 중에) 일어나는 과정이다. 휴식 기간이 끝나고 나면 다시 새로운 도전의 시기가 이어져야 한다. 지루함을 느끼거나 늘 똑같은 상태는 바람직하지 않다. 뇌가 반복되는 지루한 과제들을 풀기 위하여 작동하면, 신경 연결이 점점 유연성을 잃는다. 따라서 뇌가 오랜 기간 아무 일도 하지 않는 상태는 피해야 한다.

- 아이가 한 일들을 대단하다고 인정해주며 아이의 재능에 관심을 두는 가정은 아이의 재능을 발달시키는 좋은 조건을 갖추게 된다. 아이와 함께 아이의 재능을 축하해주고 기뻐해주는 가정이 이런 가정이다. 아이에게 말로 칭찬할 뿐 아니라 행동과 태도를 통해서도 아이의 재능이 얼마나 소중한지 표현하는 것이 바람직하다. 아이에 대한 존중과 사랑과 신뢰를 표현해야 한다. 가족이 적극적이고 열정적인 모습을 보이면, 아이의 동기가 자극되며 새로운 힘과 에너지가 생겨나 아이의 재능이 발

달한다.

• 아이의 특성과 개성을 인정하자. 아이들은 모두 자기만의 특징이 있으며, 관심을 두는 분야나 발달 속도가 다르다는 점을 잊지 말자.

⬤ 완벽하지 않은 부모여도 괜찮다

때로는 부모로서 아이를 돌아볼 의욕이나 인내나 관심이 떨어질 수도 있다. 그리고 자식에게도 실수할 수 있다. 아이들은 사랑이 넘치며 자신에게 관심을 두는 엄마와 아빠를 원하지, 완벽한 부모를 원하는 것이 아니므로 실수를 해도 괜찮다.

불완전한 모습이 오히려 장점이 될 수도 있다. 자기 자신의 부족함과 실수를 인정할 줄 아는 사람은 다른 사람의 실수도 허용해줄 수 있고, 아이들의 실수도 허용해줄 수 있다. 아이에게 완벽함을 요구하는 완벽한 부모는 아이를 부담스럽게 하며 스트레스와 두려움을 느끼게 하므로 좋은 부모와는 거리가 멀다.

마음의 균형을 잡아라

자기 자신과 자기 능력을 긍정적으로 바라볼 수 있는 사람, 자기 자신을 믿고 최선을 다하며 집중할 줄 아는 사람은 가능성을 발휘할 좋은 조건을 갖춘 사람이다. 동전에도 양면이 있듯 이러한 사람들은 자기 자신에 대해 지나치게 높은 기대를 하고 자신을 괴롭히는 단점이 있다. 긴장을 완화하는 연습을 통해 이러한 단점을 예방하고, 새로운 에너지원을 발견해보자. 이때 무엇보다 아이가 재미를 느끼는 것이 중요하다.

새로운 에너지를 충전하라

다음과 같은 연습을 통해 아이는 내면의 균형을 찾고, 긴장을 풀고 능률을 높일 수 있다.

• 시각화하기 다시 말해 상상의 나래를 펼친다는 뜻이다. 이와 함께 시나리오를 만들어보고 아이가 좋아하는 주제로 이야기를 만들어보자. 전지적 작가 시점에서 (날아다니는 양탄자를 타고 세상을 내려다보듯) 세상을 바라보며 (착한 요정을 통해) 소원이 이뤄지고 (바다 속 여행을 통해) 새로운 가능성과 능력을 발견하는 이야기를 상상해보자. 이런 과정 속에서 아이는 간접적인 경험을 하면서 새로운 감정을 경험해볼 수 있다. 상상

속에서 새롭고 다양한 감정을 경험한 아이는 훗날 현실 세계에서 느끼는 감정들을 더욱 잘 처리할 수 있으며 감정에 휩쓸릴 가능성도 줄어든다. 나이가 들고 성숙한 아이들은 구체적인 비전을 반영한 이야기를 만들기 시작한다. 이런 아이들은 이야기 만들기를 통해 무엇보다 자기 목표를 달성하는 방법을 찾아가게 된다. 전문가들은 이러한 놀이가 훗날 학교 시험이나 각종 평가나 재능 테스트 같은 상황을 대비하는 이상적인 방법이라고 말한다.

- 집중하기 아이와 함께 잠시 속도를 줄여보자. 의도적으로 말투나 발걸음을 느리고 정확하게 해보자. 그러면서 주변 환경에 집중하고 자기 자신에게 집중해보자. 내 몸은 무엇을 느끼는가? 뱃속 느낌은 어떤가?

- 호흡하기 아이와 함께 숨을 깊이 들이마시고 내뱉어보자. 천천히 규칙적으로 복식호흡을 해보자. 스트레스를 줄이는 효과적인 방법이다. 아이의 호흡을 관찰해보자.

- 긍정적으로 생각하기 생각은 능률에 지대한 영향을 미친다. 긍정적인 생각은 성공을 좌우하는 요소다. 좋은 생각, 긍정적인 생각은 자기 나름의 습관을 통해서 쉽게 만들 수 있다. 예를 들어, 어떤 음악가는 연주할 때 행운의 마스코트를 몸에 지니면 더 긍정적인 생각을 할 수 있다.

- 변화주기 재능은 훈련을 통해 발휘될 수 있다. 아이가 자기 재능을 발달시킬 의욕이 있다면, 아이에게 자주 그러나 짧은 시간 동안 연습과 훈련을 하도록 격려하자. 전문가들은 계속해서 변화를 주는 것이 긴장을 완화해주는 데 효과가 크다고 말한다. 따라서 연습에 오래 매달리는

것보다 짧게 자주 연습하는 것이 더 효과적이라고 한다. 아이는 쉬는 시간에 피로를 풀고, 음식을 먹기도 하며, 이야기를 할 수 있어야 한다. 아이는 이 시간에 자신과 자신이 좋아하는 것들에 대해 이야기할 수도 있다.

자기비판을 하라

시선을 아이에게 고정하지 말자. 부모 스스로 자기 장단점을 깨닫는 것이 더 효과적인 방법이 될 수 있다. 몇 가지 팁을 참고하자.

• 자기 자신을 자세히 관찰해보자. 나는 아이를 어떻게 대하는가? 혹시 다른 아이들보다 뛰어난 부분이나 특출한 결과만을 자랑스러워하는 것은 아닌가? 나는 아이의 작은 노력과 결과에도 집중하는가? 아이에게 너무 많은 걸 요구하지는 않는가? 아이에게 사랑과 존중을 표현하는가? 혹시 틀에 박힌 교육을 하고 있지는 않은가?
예컨대 남자아이에게는 과학 실험을 하도록 하고, 여자아이에게는 늘 그림형제의 동화를 들려주지는 않는가? 자기 자신을 객관적으로 관찰하는 연습은 자기 장점뿐 아니라 단점을 발견하게 해주므로 새로운 것을 배우고 자신을 수정해나갈 기회를 준다. (적어도 자신의 잘못된 부분을 고치려고 노력하게 된다.)
• 아이의 가능성과 재능에 지나치게 감동하며 그것을 지나치게 자랑하지 말자. 부모는 종종 아이를 과대평가하게 마련이다. 아이는 재능이나 능

력이 때문이 아니라 그 존재 자체로 소중하기 때문이다. 다른 아이와 비교당하고 싶어 하는 아이는 없다. 비교야말로 재능 발달을 방해하는 가장 치명적인 행동이다. 호숫가에 사는 아이가 수영을 잘하고, 산에 사는 아이가 비탈길에서 달리기를 잘하는 것은 자연스러운 현상이다. 아버지가 성직자면 다른 아이들보다 신과 세상의 이치에 대해 더 많이 생각하고, 집에 책이 많은 아이가 독서왕이 되는 것은 당연한 일인지도 모른다.

• 아이에게 특정한 방향을 강요하지 말자. 부모가 그림 그리는 것을 좋아하거나 악기 연주하는 것을 좋아한다고 해서 그것을 아이에게도 강요할 수는 없다. 부모가 특정 분야에 대한 선호나 재능이 있다고 해서 아이에게서도 똑같은 현상이 나타나는 것은 결코 아니기 때문이다.

작은 관심과 노력

아이들의 재능을 발견하고 키워주기 위해 적극적으로 노력할 준비가 된 부모는 수고스러운 교육을 해야 한다. 하지만 아이가 열매를 맺어가는 과정을 함께한다는 것은 즐거운 일이며, 부모에게도 의미 있는 경험이다. 물론 그러기 위해서는 부모가 동참할 수 있도록 아이가 협조해주어야 한다. 또한 순수하며 건강한 삶의 주인이어야 한다.

부모에게 도움이 되는 방법들

아이가 성공적으로 재능을 개발하기 위해서는 거창한 교육프로젝트뿐 아니라 작은 관심과 노력이 필요하다. 몇 가지를 소개한다.

- 아이의 발달과정을 메모하고 아이의 발달에 중요한 의미가 있는 일들 은 사진으로 기록해두자. 이런 기록은 즐거운 일일 뿐 아니라 의미가 있다. 부모는 아이의 발달 단계를 관찰하면서 아이를 바라보는 눈을 기 를 수 있고, 아이가 나중에 질문할 때 그 질문을 더 잘 이해할 수 있다. 아이에게 부모가 자신에 대해 메모하고 기록한 자료를 보여주는 것도 좋다.

- 아이의 바람과 요구를 고려하자. 아이는 자기가 원하는 것이 무엇인지 잘 알며 이를 표현한다. 그러므로 부모는 아이에게 귀를 기울이기만 하 면 된다. 물론 아이는 학교, 유치원에서 혼자서 신발 신기, 정리하기, 계산하기, 글쓰기 등과 같은 기본적인 것들을 배우고 연습해야 한다. 일상생활에서 하고 싶은 것만 하는 것이 아니라 자기 책임과 의무도 수 행해야 한다. 하지만 책임지는 연습에 지나치게 큰 비중을 두어 아이가 좋아하는 일을 못하게 해서 재능이 발달하는 것을 막으면 안 된다. 책 임과 자유라는 두 축의 중도를 찾는 것은 아이와 부모 모두에게 어려운 일이다.

- 아이를 학원이나 모임 등에 보내기 전에 먼저 아이와 대화해보자. 아이 의 의견을 물어보고, 아이의 대답을 진지하게 받아들여야 한다. 부모는

자기 자신에게도 질문을 해보아야 한다. 아이가 지금 내가 시키려고 하는 일에 관심을 보인 적이 있는가? 먼저 테스트 기간을 두어보자. 일정한 테스트 기간 후에도 아이가 그 일을 하고 싶어 하다면 아이가 선택한 일을 꾸준히 할 수 있도록 도와주어야 한다. 음악 수업을 몇 시간 받은 아이가 수업받기 싫어한다면? 연극반에 가입한 아이가 세 번 참석하고서 더 가고 싶지 않다고 한다면? 그런 변덕은 안 된다! 이미 선택하고 시작한 일이라면 과정이 끝날 때까지 참고 해내야 한다.

- 어린 아이들은 일상생활에서도 많은 에너지를 사용하기 때문에 하나 또는 두 개의 프로그램 정도만 소화할 수 있다. 친구들의 생일잔치나 가족 모임이나 동물원 견학 등도 모두 이러한 프로그램에 속한다. 아이들에게는 놀고, 만들고, 책을 읽고, 꿈을 꿀 충분한 시간이 필요하므로 지나치게 여러 가지 일을 하는 것은 바람직하지 않다. 이 모두 재능 개발을 위한 중요한 일들이다.

- 아이가 학교생활에 잘 적응하기 바란다면 부모가 먼저 학교에서 배우는 지식과 학교생활을 진지하게 받아들여야 한다. 아이가 학교에서 배우는 지식이나 각종 학교 활동에 흥미를 느낄 수 있도록 부모도 아이와 함께 노력해야 한다. 학교에서 고궁 견학을 한다고 하면 아이와 함께 고궁에 관한 책을 읽으면서 아이의 흥미를 깨워보자. 함께 박물관에 가서 옛날 이야기를 들려주고, 오래된 건물을 구경하며 과거 유명한 건축가들의 이야기를 들려주자. 우리가 사는 도시의 어떤 부분이 어떻게 변했는지 보여주자. 경제가 어떻게 발전하는지도 이야기해주자. 부모가

들려주고 보여주는 새로운 이야기들에 아이가 흥미를 느낀다면 학교 공부에 대한 의욕도 커질 것이다.

● 아이가 지루함을 느낄 때에는 대책을 세워야 한다. 지루함은 학습 의욕을 방해한다. 물론 지루함을 느끼는 시기가 오히려 적극적으로 변하기 위한 좋은 동기가 될 수 있다. 아이는 지겹고 나른한 기분에서 벗어나 다시 자기가 잘하는 일에 적극적으로 임하기 위해 스스로 노력할 수도 있다.

부모가 저지르기 쉬운 실수를 방지하라

부모들 대부분은 아이가 잘 클 수 있도록 무엇이든 한다. 그러나 부모의 노력이 도리어 아이의 발달을 방해하고 아이의 재능을 키워주기보다는 희석시키기도 한다. 부모들이 흔히 하는 실수들은 다음과 같다.

● 적당한 거리의 유지 아이가 연습하고 훈련하는 모습을 지켜본다는 것은 결코 쉬운 일이 아니다. 불안하고 개입하고 싶은 마음이 굴뚝같아지기 때문이다. 그렇다면 어떻게 할까? 거리를 두자!

● 불쾌한 평가 아이가 원하지도 않았는데 아이를 평가하고, 아이의 장점과 단점에 점수를 매기고, 아이의 태도를 평가하는 것은 아이에게는 불

편한 일이며, 아이의 의욕을 높이는 일이 아니다. 그렇다면 어떻게 할까? 아이는 부모의 의견이나 평가에 예민하게 반응하므로 가능한 한 의견과 평가를 자제하자. 절대적인 잣대로 아이를 평가하는 것도 결코 도움이 되지 않는다.

- 강요 그 누구도 강요받는 것을 좋아하지 않는다. 강요받는 사람은 불안해하며 잘할 수 있는 것마저 잘하지 못하게 된다. 아이에게 지나치게 많이 요구하거나 지나치게 구체적인 기대를 하지 말자. 아무리 다정하게 포장한다 하더라도 아이에게는 스트레스를 줄 뿐이다. 그렇다면 어떻게 할까? 강요하지 말자. 부모의 강요는 자기 스스로 발달해나가려는 아이의 의욕을 파괴하므로 동기 부여와 학습에 대한 즐거움에 치명적인 손상을 입힌다.

- 추가적인 교육 프로그램 아이의 재능을 발달시키겠다고 아이를 수많은 프로그램과 코스에 보내는 것은 아무 소용이 없고, 오히려 아이의 의욕만 꺾을 뿐이다. 아이의 특별한 능력, 아이의 선호와 관심 등을 무시한다면 아이의 가능성이 사라져버릴 수 있다. 그렇다면 어떻게 할까? 내 아이에게 맞는 맞춤식 교육이 필요하다.

- 실망 표현 아이에게 아이의 재능이 너무 적다는 말은 절대로 해서는 안 된다. 아이가 해낸 일이나 아이가 관심을 두는 것을 놀림감으로 삼아서도 안 된다. 부모가 가짜로 연기한 관심이나 감탄을 아이는 눈치채므로 이러한 반응도 별 소용이 없다. 그렇다면 어떻게 할까? 아이를 존중해주자.

- 지나친 욕심 부모의 욕심을 채우기 위해 아이의 의견을 묻지도 않고 여러 재능 개발 프로그램에 아이를 참여시키거나, 아이가 좋아하지도 않는 일을 하도록 설득하려 하거나, 전혀 있지도 않은 재능이 있다고 우기는 것은 아이의 발달을 막을 뿐 아니라 오히려 역효과를 낸다. (예를 들어 "내 딸은 간호사가 되고 싶어 하지만, 기자가 될 거야!" 식의 욕심 부리기.) 그 어떤 아이도 끌려 다니는 것을 좋아하지 않기 때문에 부모가 원하는 반응을 보이지 않는다. 게다가 지나치게 욕심을 부리는 부모의 모습은 아이로 하여금 부모의 기대에 부응하지 못하면 부모에게 사랑을 받지 못할 수도 있다는 두려움을 느끼게 한다. 이러한 두려움은 불안감을 일으킨다. 그리고 불안감은 재능의 발달을 막고 관심과 호기심을 사라지게 한다. 그렇다면 어떻게 할 것인가? 아이의 발달을 가로막는 이런 식의 장애물을 제거하자. 아이에게 더욱 많은 관심을 보이자. 부모가 세운 목표나 부모의 지나친 기대나 욕심은 버리자.

- 동기와 의욕의 부재 적지 않은 부모가 아이의 단점에 먼저 눈을 돌리고 아이를 비판하는 경향이 있다. (플루트, 인라인스케이트 등을 배우는 아이에게) "거봐! 연습을 제대로 안 했기 때문이야. 그렇게 하면 아무 소용이 없어." 또 다른 부류의 부모는 아이의 학습 의욕과 실험정신이 사라지게 한다. 부모는 아이가 원하는 것과 다른 부분이나 주제를 더 중요하게 생각한 나머지 아이가 보인 의욕이나 도전정신을 억압해버릴 수가 있다. 이런 부모는 아이와 다른 우선순위를 정해놓았기 때문에 아이의 열정을 보지 못하거나 진지하게 받아들이지 않는다. "그림 그리기를

좋아하는 것은 좋은 현상이지만 엄마는 그림을 잘 그리는 것보다 먼저 수학 시험에서 좋은 성적을 받아 왔으면 한다!" 부모가 사려 없이, 무관심하게 무조건 성과에만 치중하다 보면 그렇게 된다.

"다 좋지만, 아들의 미래를 위해 준비시켜야 하잖아요!" 수많은 부모의 이런 생각 때문에, 아이가 세상에 가지고 태어난 가장 소중한 것, 즉 자신을 둘러싼 세상이 제공하는 모든 것에 관심을 두고 다가갈 수 있는 능력이 사라진다. 아이는 부모의 요구와 기대에 따르며 자기가 원하지도 않았던 생각을 하기 시작한다. 어른의 생각이 주입된 아이는 재능을 발달시키기 어렵다. 자신의 장점과 능력을 감춰버리거나 일부러 자기 관심과 재능을 억누르고 숨겨버린다. 재능을 발달시키고자 했던 동기와 의욕은 사라져버린다. 그러면서 학습 동기와 자신의 장점을 발견하고 발전시켜나가는 즐거움마저 잃어버릴 수 있다. 자기 능력을 더 발휘할 수 없기 때문에 의욕이 사라져버리는 것이다. 그리고 이렇게 생각할지도 모른다. '내 의견이나 내가 하는 일에 아무도 관심이 없는 것을 보니 나는 중요하지 않은 사람인가 보다. 이곳이 내가 있어야 할 자리가 아닌가 보다.' 그렇다면 어떻게 할까? 부모는 당장 방향을 바꿔야 한다. 아이에 대한 사랑으로 믿음과 관심과 이해를 표현해야 한다.

- 부모의 기준 어른들은 아이가 자신을 표현하기 위해 단어와 문장뿐 아니라 춤, 노래, 달음박질 등과 같은 다양한 표현 방법을 동원한다는 사실을 쉽게 지나친다. 자신을 표현하는 이러한 능력은 쉽게 무시당하며, 어른들이 사용하는 합리적인 표현 방법을 사용했을 때 좋게 평가하거

나 인정한다. 이처럼 표현 방법이 한쪽으로 치우치는 현상은 시야를 좁아지게 만든다. 합리적인 커뮤니케이션 방법은 나중에 배워도 늦지 않다. 그리고 어렸을 때 만들어지고 발전할 수 있는 인성이나 그림, 만들기를 통해 길러지는 공간지각능력이나 창의력은 중요하게 생각하지 않는다. 신경학자들은 이러한 태도를 어리석은 일이라고 한다. 그렇다면 어떻게 해야 할까? 미래보다는 현재에 집중하자. 발달심리학적인 기준과 아이의 선호와 관심에 집중하고, 부모의 잣대와 부모가 생각하는 합리적 기준을 들이밀지 말자.

- 무관심 아이들은 모두 자유를 원한다. 그러나 자유를 잘못 이해하여 아이에게 관심을 두지 않고, 아이가 스스로 배워야 한다면서 방관해버리면 아이는 아무런 자극을 받지 못하여 발달이 더뎌질 수밖에 없다. 그렇다면 어떻게 해야 할까? 무관심과 자유 사이에서 중도를 찾는 것이 가장 좋은 방법이다.

- 선입견 아이에게 부모가 정해놓은 구체적인 결과를 기대하거나 반대로 아예 아무런 기대를 하지 않으면, 부모는 아이의 능력을 알아보지 못하고 재능을 키워주지 못한다. 어떤 부모는 "어차피 대단한 위인이 될 아이도 아닌데!"라고 하며 아이에게 무관심해진다. 이런 선입견과 편견 때문에 부모는 아이의 발달과 성장을 잘못 평가하거나 절대 놓쳐서는 안 될 부분들을 보지 못하고 넘어가 버린다. 한눈에는 잘 보이지 않은 숨겨진 재능과 장점들을 지나치고 마는 것이다. 그렇다면 어떻게 할까? 아이와 아이의 재능을 객관적으로 바라볼 수 있는 시야를 갖고 부모 자

신의 기대를 배제하는 연습이 필요하다.

- 무조건 가르치기 아이에게 무엇이든 가르치려는 태도는 화를 부를 뿐이다. 도움을 요청하지도 않았는데도 개입해서 이래라저래라 하며 아이보다 아이에 대해 더 잘 안다는 식으로 행동하는 부모는 별로 도움이 안 된다. 역효과만 날 뿐이다. 그렇다면 어떻게 할까? 늘 손가락을 치켜들고 어떤 것이 정답인지 짚어주면서 뭐든지 다 아는 트레이너 역할은 그만두자. 누구라도 그런 사람을 좋아하지는 않는다. 아이의 눈높이를 맞춰주는 것이 가장 좋은 방법이다.

- 과잉보호 훗날 아이의 행복과 성공을 위해서, 다치기 쉬운 어린 나이에는 어른의 관심과 사랑이 필수적이라고 생각하며 아이를 지나치게 사랑하거나 보호하는 부모들이 있다. 아이에게 좋은 것은 무엇이든 해주고 싶은 마음에 아이를 가르치고 놀아주며 걱정한다. 아이를 항상 관찰하면서 작은 일에도 수천 가지 조언을 해준다. 그래서 아이가 포만상태에 도달해 탈진해서 더 나아가려고 하지 않게 만든다. 이런 환경에서는 아이의 장점이나 재능이 발휘될 수 없다. 부모의 응원과 배려가 전제되어야 하는 것은 사실이지만 아이는 놀이를 하면서 그림을 그리거나 만들기를 하면서 스스로 발견하고 표현할 자유가 있어야 한다. 그렇다면 어떻게 해야 할까? 반대로 해보자. 아이에게 더 많은 자유를 주어 아이 스스로 자신을 돌아보고 주도적으로 활동할 수 있게 해주자.

잠을 자지 않아도 꿈꿀 수 있다

아이들은 밤에 잠을 자야 한다. 그러나 항상 그래야 하는 건 아니다. 무더운 한여름 밤에는 부모와 함께 밖으로 나가볼 수도 있다. 모든 감각이 열린 완전히 깨어 있는 상태에서 아이는 낮과는 전혀 다른 세상을 경험할 수 있다. 모든 사물의 색깔과 정확한 윤곽이 사라지고 모든 소리도 둔탁하게 들린다. 만약 날씨가 맑은 밤이라면 하늘에 있는 별을 세어볼 수도 있다. 달은 어떤 모양을 하고 있는가? 달은 언제 사과 반쪽 같아 보이며, 언제 불이 들어오는 큰 공 같아 보이는가? 밤이 되면 나무는 다리가 많은 거대한 게처럼 보이기도 하고 덤불은 귀신 같아 보이기도 한다. 운이 좋다면 저 멀리 박쥐가 날아가는 것이나 반짝거리는 반딧불이나 빛나는 고양이의 눈도 목격할 수 있다.

고요한 밤에 밖에 나가보면 낮에는 들리지 않던 소리가 들린다. 나뭇가지를 밟는 소리, 바람이 노래하는 소리, 잔디가 이리저리 춤을 추는 소리가 들린다. 아이에게 안전을 위해 손전등을 주고 조용히 어둠 속을 탐험하는 과제를 내보자. 모두에게 예기치 못한 발견과 자극이 기다리는 신나는 모험이 될 것이다. 덤불 속에서 들려오는 작은 소리도, 스쳐 지나가는 바람도 모두 아이를 흥분시키는 경험이 될 수 있다.

물론 깜깜한 밤중에 밖을 돌아다니려면 용기가 있어야 한다. 두려움을 극복하고 용기를 낸 아이는 자신감을 얻을 수 있다. 용기를 내본 사람은 쉽게 겁에 질리거나 도망치지 않는다.

"꾸준한 훈련을 통해 작은 아이가 큰 천재가 될 수 있다."

독일 심리학자 안데르센 에릭손의 연구결과이다.

심리학자인 에릭손은 베를린 음대 학생들을 대상으로 한 연구결과

유년시절부터 다른 아이들 보다 더 많이 연습하고 지속적으로 연습을

한 학생들이 그렇지 않은 학생들 보다 더 큰 성공가능성을 가지고

있다고 밝혀냈다.

재능을 키우기 위한 방법과 조언들

04

풍부한 감정을
경험하게 하라

자기 자신의 감정과 다른 사람의 감정을 잘 파악하고 이해하고 존중하는

사람은 자신과 다른 사람을 잘 돌아보고 배려할 줄 아는 사람이다. 그런

사람은 자신감이 있고, 자기 삶을 잘 주도해나가며 다른 사람을 이해하고

공감해줄 수 있다. 이런 삶의 자세도 연습을 통해 얻을 수 있을까? 이러

한 영역에서도 특별한 재능을 보이는 사람들이 있는가?

다섯 살짜리 꼬마는 백설공주 연극의 주인공이 되어 처음으로 무대에 서던 날 '바로 내가 서 있어야 할 곳이 여기구나!' 하고 깨닫는다. 아이는 크면서 몇 시간이고 거울 앞에 서서 표정을 연구하기 시작한다. 그리고 잠들기 전에는 수많은 공상을 한다. 다른 아이들에 비해 책을 좋아하고 많이 읽는다.

아이들은 대개 자신을 잘 파악하고 있으며 자기 삶의 한가운데 당당히 서서 자신에게 만족하며 신체적으로뿐 아니라 정신적으로도 건강하고 편안한 상태임을 느낀다. 그리고 반성을 할 줄 알고, 주어진 과제를 적극적으로 받아들인다. 이런 아이들은 자신뿐 아니라 주변에 있는 다른 사람들도 고려하고 다른 사람을 배려할 줄 알기 때문에 인생을 살아가는 것을 그렇게 어렵게 느끼지 않는다. 여기에 자신에 대한 사랑과 다른 사람에 대한 사랑 사이에서 균형을 잡는 재능까지 있다면 더더욱 그렇다. 이러한 정서적 능력도 일종의 재능이라 할 수 있다.

자기와 다른 사람에서 사이에서 균형을 잘 잡는 노하우는 집에서 배운다. 따라서 부모는 이러한 재능을 키워주는 트레이너가 되는 셈이다. 아이에게 부모로서 자신의 경험을 들려주고 감정을 표현하고, 다른 사람과의 관계나 태도와 관점에 대한 이야기를 유도하는 것은 아이의 대인관계 능력을 키워주는 좋은 방법이다. (이때 부모는 지나치게 솔직하지 않도록 주의해야 한다. 부모가 아이를 어른처럼 생각하고 자신의 문제를 지나치게 솔직하게 다 털어놓는 것은 아이를 혼란스럽고 부담스럽게 한다.)

공감하는 법을 배우게 하라

공감할 줄 아는 부모는, 아이가 느끼고 생각하고 인지하는 것들에 공감해주면서 이러한 능력을 무의식적이고 지속적으로 아이에게 전수한다. 일상에서 저절로 일어나는 일이다. 물론 모든 아이가 같은 정도로 마음을 열고 다른 사람을 받아들일 수는 없다. 그러나 가정에서 다른 사람을 이해하고 공감하는 것이 어떤 것인지 일찍 경험한 아이는 그 경험에서 반드시 영향을 받게 마련이다. 예를 들어, 할아버지와 할머니가 시간이 지나면서 변하는 것을 관찰하며 나이가 드는 현상에 대해 여러 가지 생각을 한다. 할아버지와 할머니의 건강을 걱정하며 좋은 관계를 유지해나가는 부모, 자기 생각을 말로 표현할 줄 알고 할아버지와 할머니에 대한 관심을 겉으로 표출할 줄 아는 부모는 아이에게 있는 공감하는 능력을 깨우고 키워주는 부모가 될 수 있다.

 ### 늘 아이 곁에, 그러나 뒤로 물러나 있어라

부모는 아이에게 지나치게 개입해서도 안 되고 지나치게 방관해서도 안 된다. 부모 역할은 쉽지 않은 일이다.

- 부모는 아이가 자신의 영역을 확대하고 세상을 탐구하며 삶이 우리에게 제공하는 것들을 가족과 함께 즐길 수 있도록 아이를 조심스럽게 이끌어주고 싶어 한다. 이때 부모는 최대한 눈에 띄지 않게 아이가 즐거운 모험을 경험할 수 있는 환경을 만들어주며, 좋은 결과가 나올 수 있도록 도와주어야 한다.
- 그러나 아이는 아무런 제한없이 자유롭게 자신을 드러내고 스스로 모험을 찾아 나서고 싶어 한다. 간섭하는 어른이 없는 자유를 만끽하려고 한다.

아이를 잘 아는 부모는 이 둘 사이에 존재하는 적절한 수위를 유지할 수 있다. 부모는 아이와 견학이나 여행, 실험을 하면서 아이의 호기심을 자극하면서 동시에 뒤에서 좋은 결과를 달성할 수 있도록 돕되, 아이가 간섭받는다는 느낌이 들지 않게 하는 방법을 안다.

자기 자신을 발견하게 하라 : 자세히 관찰하게 하라

자기의 장점과 단점을 발견한 아이는 자신에 대한 중요한 정보뿐만 아니라, 새로운 관심사나 재능을 발견하고 심화하는 법도 스스로 깨닫는다. 예를 들어, 자기 재능과 특별한 관심사를 발견하게 되고, 그 분야에 좀 더 집중할 수 있다. 자신에 대한 발견은 거울 앞에서 질문하는 등의 놀이를 통해서 가능하다. "내 얼굴에서 어디가 가장 멋질까? 화를 내면 어떤 모습일까? 기분이 좋을 때는 내 얼굴이 어떨까?" 등의 질문을 통해 다양한 감정을 느껴보고 관찰해볼 수 있다.

다음에 소개되는 다양한 연습은 자기 자신을 발견하기 위한 좋은 방법들이다.

- 그림 그리기 자기 얼굴, 자기가 제일 좋아하는 놀이, 자기가 좋아하는 취미생활 등을 그림으로 표현하는 방법이다. (유치원 이상의 나이)
- 옛날 비디오 보기 어렸을 때 찍은 영상을 통해 자기 자신의 옛 모습을 본 아이는 자신의 새로운 면을 발견한다. 전에는 이렇게 웃었구나, 이렇게 움직였고, 우는 모습은 이랬구나 하는 것을 깨달으면서 자신에 대해 생각하게 된다. (유치원 이상의 나이)
- 연극놀이 연극(또는 영화) 주인공이 되어 연기하면서 잠시 다른 사람이 되어보는 것은 다른 사람에 대해 많은 것을 깨닫게 되는 경험일 뿐 아니라, 자기를 새롭게 발견하는 계기이기도 하다. 다른 사람이 되어보는

경험은 자아를 형성시켜주는 좋은 기회다. (유치원 이상의 나이)

- 되돌아보기 옛날의 경험이나 그때의 감정과 생각 등을 이야기하는 것은 자기를 발견하는 좋은 방법이다. 자동차를 타고 이동하는 시간은 지난날을 되돌아보는 좋은 기회다. 좁은 차 안에서 함께 시간을 보내는 동안 아이와 대화를 나누며 아이는 다음과 같은 궁금증에 대한 답을 찾을 수 있다. '내가 가진 관심사는 어디서 생겨났을까? 내가 살면서 겪은 일에서 가장 성공한 일은 무엇이며, 가장 큰 실패는 무엇일까? 생각에 잠기면 주로 어떤 기억을 떠올리는가? 내가 정말로 좋아하는 건 무엇이며, 그걸 좋아하는 이유는 무엇일까?' (초등학교 이상의 나이)

- 눈뜨고 꿈꾸기 현실 세계를 벗어나 공상에 잠겨보자. 우리는 종종 현실을 피할 곳이 필요하다. 공상을 통해 마음 깊은 곳에 숨겨진 나 자신의 모습을 쉽게 발견할 수 있다. 눈을 뜨고 꿈을 꾸는 동안 어떤 일들이 일어나고 있는가? 나는 누구를 만나는가? 나는 무엇을 경험하는가? 눈을 뜨고 공상할 때뿐 아니라 실제로 잠을 자면서 꾸는 꿈을 통해 자신을 발견할 수도 있다. 부모들은 흔히 공상을 '시간 낭비'라고 생각한다. 그러나 잘못된 생각이다. 아이들이 눈을 뜨고 꿈을 꾸는 동안 아이들의 뇌는 그 어느 때보다 또렷하게 깨어 있다. 뇌는 자신을 탐구하느라 바쁘게 움직인다. 공상을 하는 동안 생각은 여기저기로 튀며 감정도 마구 뒤섞이는 흥미로운 일들이 일어난다. (유치원 이상의 나이)

- 상상 여행하기 머릿속에서 어떤 시나리오를 상상해보고 자유롭게 생각 여행을 하면 자기 내면에 숨어 있던 그리움과 바람을 발견하게 한다.

잠시 다른 사람이 되어보는 것은 다른 사람에 대해
많은 것을 깨닫게 되는 경험일 뿐 아니라,
자기를 새롭게 발견하는 계기이기도 하다.

예를 들어, 밀림을 여행하는 상상을 통해 아이는 호랑이를 무서워하는 자신을 발견할 수 있다. 어둡고 추운 지하실에 가는 상상을 통해서도 자신이 가진 두려움을 새롭게 알아낼 수 있다. 이처럼 자기의 감정과 생각을 관찰하고 다루면서 감성이 풍부해질 수 있다. (유치원 이상의 나이)

새로운 시각으로 세상을 바라보게 하라

다른 사람의 상황을 이해하는 것은 누구나 할 수 있는 일은 아니다. 간단한 놀이를 통해 이러한 능력을 키워보자.

● 다른 사람의 상황에 자신을 이입하기 두 아이를 서로 마주 보게 앉힌다. 한 아이는 그림이 그려진 엽서를 앞에 앉은 친구에게 보여준다. 엽서에는 생크림이 듬뿍 얹혀 있는 코코아 한 잔이 그려져 있다. 그림을 보는 아이는 그림을 보며 느낀 점과 엽서를 든 친구를 보며 느낀 점을 설명한다. 예를 들어 이렇게 설명할 수 있다.
"너 지금 굉장히 편안해 보인다!" 또는 "코코아가 무척 맛있을 것 같아."
이 놀이는 서로의 감정을 교환한다는 점에서 의미가 있다. 엽서를 든 아이는 자신을 관찰 대상으로 내어주는 역할을 담당한다. 상대방이 자기 자신을 관찰할 수 있도록 허용하는 것이다. 이 놀이를 통해 아이들은 다음과 같은 질문에 대한 답을 찾는다. 다른 사람의 눈에 그렇게 보인다는 건 어떤 의미일까? 다른 사람은 나를 어떻게 바라보는가? 이 놀이는 다른 사람들이 바라보는 나 자신에 대해 알아보고, 다른 사람이 나를 왜 그렇게 보는가에 대한 의문점을 풀어내면서 상대의 입장에 나를 이입해보는 기회를 준다. (초등학교 이상의 나이)

- 어릴 때 사진 보기 두 아이에게 서로의 어린 시절 사진을 보게 하는 놀이다. 아이들은 상대의 사진을 본 후 무엇이 떠오르는지, 상대방을 어떻게 느끼는지를 설명한다. (초등학교 이상의 나이)

- 초상화 그리기 마주 앉은 두 아이에게 서로의 모습을 그리게 하고 나서 자기가 그린 상대의 모습을 설명하도록 한다. (초등학교 이상의 나이)

- 연기하기 다른 사람을 연기하기 위해서는 그 사람의 감정과 생각에 자신을 이입해야 한다. 따라서 연기는 좋은 연습이 된다. (유치원 이상의 나이)

- 역할놀이 한 아이는 학생 역할을, 다른 아이는 선생님 역할을 한다. 선생님 역할을 맡은 아이는 선생님으로서 바라본 상대방이 어떻게 보이는지를 다른 아이에게 설명한다. 역할을 바꿔서 상대방에 대해 설명하게 한다. 그다음 새로운 역할놀이를 해본다. '내가 만약 너라면!'으로 시작하는 역할놀이를 통해 아이들은 각자 자신이 상대방이라면 어떻게 행동할지를 제안한다. "나라면 학생으로서 학교 공부에 조금 더 집중하겠어." 등과 같은 의견을 제시할 수 있다. 그 외에도 인형, 손 인형, 동물 인형 등을 이용해 변형된 역할놀이를 해보는 방법도 있다. 아이는

동시에 여러 가지 역할을 해보면서 순식간에 입장과 시각을 바꿔야 한다. 병원놀이, 학교놀이, 경찰관놀이 등 아이들이 놀이에 즐겨 사용하는 주제를 활용해보자. 아이들은 다른 사람의 역할에 자신을 이입시키는 과정을 통해 자기만의 주관을 형성하며 행동 방식을 선택한다. 두려움이나 충격 같은 감정을 처리하는 방법도 터득하게 된다. (초등학교 이상의 나이)

특히 감정 이입을 잘하는 아이

- 자신을 잘 통제하며 직접 경험하는 것을 중요하게 여긴다.
- 머리뿐 아니라 온 마음과 영혼으로 삶을 느끼려고 한다.
- 스스로 동기를 부여하여 자기 내면에 있는 의욕과 의지를 꺼낸다.
- 자기 자신과 대화하며 설정한 목표를 확인하고 유연하게 대처하는 법을 연습한다.

행복해지는 방법도 학습을 통해 익히게 하라

하이델베르크 시의 한 초등학교에서는 최근 '행복'이라는 이름의 수업을 시작했다. 이 수업은 교육이 직업을 위한 훈련 그 이상의 의미를 지니고 있다는 사실을 기본 전제로 한다. 이 수업에서는 인생을 살아가기 위해 필요한 능력을 가르친다. 강한 자아와 자기 자신에 대한 확신, 자기 정체성과 자기가 속한 공동체의 정체성에 대한 이해, 정신력, 신체건강과 정신건강 사이의 균형을 맞추는 것이 이 수업의 목표다. 물론 가정에서도 아이에게 가르칠 수 있는 내용이다. 예를 들어, 아이에게 운동과 균형 있는 식사, 정신건강이 모두 신체적 발달과 떼어놓을 수 없는 요소들임을 알려주자. 이러한 교육은 날이 갈수록 중요해지고 있다. 정신건강과 신체건강을 잘 관리하는 것은 행복한 삶을 위한 전제이기 때문이다. 신체 언어, 능률, 균형 등은 행복을 위해 학습할 수 있는 것들이다.

• 신체 언어 신체 언어는 그 사람 삶의 경험을 그대로 반영해준다. 특히 인생 초기의 경험을 반영해준다. 어린 시절에 겪는 일들은 뇌에서 신체의 움직임 및 감정의 표현 과정을 조절하는 부위에 저장된다. 매우 깊게 저장되어 한평생의 태도를 좌우하기도 한다. 늘 편안해 보이는 사람이 있는가 하면 늘 경직된 사람이 있고, 행동이 늘 크고 자신 있는 사람이 있는가 하면 조심스러운 사람이 있으며, 일반적으로 긍정적인 태도나 인상을 주는 사람이 있는가 하면 부정적인 인상을 주는 사람이 있다. 아이의 신체 언어를 자세히 관찰해서 교정이 필요하면 요가나 팬터마임, 기타 방법을 이용해 교정해줘야 한다. 여러 방법을 시도해보고 아이에게 맞는 방법을 찾는 것이 좋다. 적용해볼 방법에는 다양한 것들이 있다. 적절한 방법을 찾았다면 아이는 시도와 실패를 거듭하면서 자

기에게 맞는 행동 양식을 익히게 된다. (초등학교 이상의 나이)

- 음식 우리는 패스트푸드 시대에 살고 있다. 따라서 아이들에게 시장을 볼 때 그리고 요리를 할 때 건강한 식생활에 대해 알려주어야 한다. 부모는 아이에게 건강한 식사와 식습관을 가르쳐주는 선생님이다.

예를 들어, 시장을 볼 때 아이에게 무엇을 살지 결정하게 해보자. 어느 정도 물건을 고른 다음에는 고르기를 중단하고 그동안 장바구니에 담긴 것들을 점검하며 아이와 함께 고민해보자. 바구니에 담긴 물건 중 어떤 것이 건강한 식단을 위한 것이고, 어떤 것이 그렇지 않은 것인가? 고른 제품의 가격은 그 가격의 품질과 가치에 맞는가? 좋은 식습관을 위한 지식은 훗날 건강한 식단을 준비할 수 있게 해준다. (초등학교 이상의 나이)

- 휴식 아이들에게 여유 시간을 주면, 아이들은 아무것도 하지 않고 뒹굴거나 강아지를 쓰다듬기도 하고 창밖을 보며 시간을 보내기도 한다. 그러면서 자기 자신의 장점을 발견해내는 데 필요한 에너지를 충전한다. (유치원 이상의 나이)

자신의 감정을 파악하게 하라

부모가 아이에게 적절한 자극과 동기를 제공하면 아이는 자신의 감정을 활용할 수 있다. 아이는 자기에게 내재된 가능성을 그냥 지나치지 말고 항상 재능을 발휘할 수 있는 새로운 통로를 발견해야 한다. 자기 자신과 감성의 세계를 새롭게 발견하며, 감정을 활용할 수 있어야 한다. 이를 위해 부모는 다음과 같은 것들을 할 수 있다.

- 역할놀이 아이가 작은 모형이나 인형 또는 동물 인형 등을 갖고 놀기를 좋아한다면, 아이의 놀이에 현재 아이가 느끼는 감정이 반영된다. 아이는 놀이를 통해 자신의 감정을 처리한다. 아이가 놀이하는 모습을 자세히 관찰하면서 아이의 마음뿐 아니라 부모 자신에 대해서도 새로운 것을 발견하게 된다. (유치원 이상의 나이)

- 노래 노래는 감정의 폭을 넓혀주는 효과가 있다. 아이는 노래를 통해 전혀 새로운 각도에서 자신을 발견하게 된다. 익숙한 자기 목소리가 다르게 들리는 신기한 경험을 하기 때문이다. 진심으로 즐겁게 노래하는 아이는 자신에게 맞는 노래를 부를 때 풍부한 감정을 느끼며 자신이 멜로디와 리듬을 울려 퍼지게 하는 악기인 것처럼 느낀다. 이러한 느낌은 영혼을 위한 연고다. 다른 사람들과 함께 노래를 부르는 것, 예를 들어 합창단에서 노래하는 것은 아이에게 큰 즐거움과 편안함을 주며 공동체 의식도 갖게 해준다.

- 춤 라디오에서 흘러나오는 노랫소리에 아이가 갑자기 신이나 빙글빙글 돌기도 하고 이리저리 방 안을 뛰어다니면서 춤을 추기도 한다. 아이는 리듬을 타며, 몸으로 노래에 반응하면서 자신을 느끼고 숨겨진 자신의

'몰입' 능력을 발휘한다. 춤이 몸의 움직임을 통해 나타나는 것만은 아니다. 아이는 음악을 들으며 음악에 맞춰 붓이나 색연필을 이용해 그림을 그릴 수도 있다. 종이에 다양한 선과 도형을 그림으로써 춤을 추며 리듬을 표현하는 것이다. 음악이든 그림이든 음악적 자극은 자신의 감정을 느끼며 표출할 수 있는 동기가 된다. 그래서 이러한 분야의 재능은 유치원이나 초등학교 나이에 중점적으로 개발해야 한다. 절대로 그냥 지나쳐서는 안 되는 중요한 능력이기 때문이다. (유치원 이상의 나이)

● 이야기 이야기는 들려주든 읽게 하든, 그림도 함께 보여주든 그렇지 않든, 허구의 이야기든 신문 등에 나오는 실화이든 모두 아이에게 자기 생각과 감정을 반영해주는 역할을 한다. 아이가 느끼는 즐거움과 두려움이 이야기를 통해 반영된다. 이야기는 아이를 위로해주기도 하고, 용기를 주기도 하며, 새로운 자극을 주기도 한다. 아이들 대부분은 들은 이야기를 기억해두었다가 그 이야기를 바탕으로 자기만의 이야기를 만들어낸다. 자신의 경험을 보태거나 들은 이야기를 토대로 자기 욕구나 즐거움을 표출한다. 자기가 만들어낸 이야기를 다른 사람이 재미있게 들어주면 기뻐한다. 시, 노래, 동화, 어린이 영화 등은 이러한 이야기의 역할을 대신해주기도 한다.

모든 것이 처음처럼 그대로 유지되는가

어릴 때 성격이 쾌활했던 아이는 끝까지 쾌활한 사람으로 남을까? 아이의 운명은 유치원에서 결정되는가? 이미 어릴 적 놀이터에서 다른 아이들에 비해 유독 난폭했던 아이는 커서도 공격적인 성향 때문에 손해를 보게 마련이다. 연구 결과, 성격의 특성 중에는 이미 어릴 때 결정되는 것들이 있다고 한다. 어릴 때부터 독서를 좋아하거나 맞춤법을 정확하게 알거나 수학에 취미가 있던 아이는 커서도 그 분야에서 두각을 나타낸다. 그러나 연구 결과는 그 외에도 꾸준한 트레이닝, 동기 부여, 인내심을 통해 나이가 들어서도 새로운 분야에 도전하여 좋은 성과를 올릴 수 있음을 보여준다. 스포츠가 대표적이다. 도덕성 역시 노력으로 개선할 수 있다. 예를 들어 '올바르게' 행동하려는 의지는 나이가 들수록 교육을 통해 더욱 강화될 수 있다. 참고로 여자아이들은 전통적인 여성상을 내면화할수록 더 도덕적인 성향을 보인다. 반면 남자아이들이 '진짜 사나이'를 꿈꾸면 오히려 도덕과는 거리가 멀어진다.

05

좋은 대인관계를
맺게 하라

다른 사람과의 공존은 상호 존중과 상호 배려가 전제될 때에만 이로우며

삶을 풍요롭게 해준다. 공존의 규칙을 알고 따를 줄 아는 사람, 중요한 것

과 중요하지 않은 것을 구분할 줄 아는 사람이 바로 사회성이 있는 사람

이다. 대인관계와 사회성에서 다른 아이들보다 뛰어난 능력을 갖춘 아이

들이 있는가 하면, 그렇지 못한 아이들이 있다. 이러한 종류의 재능도 키

워줄 수 있을까?

몸이 불편한 이웃 어른을 위해 심부름을 잘 하는 아이가 있다. 승마를 배우다가 그만두고, 승마처럼 혼자서 하는 경기가 아니라 다른 사람들과 어울려 즐길 수 있는 새로운 종목을 찾는 아이가 있다.

　　유치원에 다닐 나이가 되면 사회성이 넓어진다. 아이는 유치원에 입학하면서 사회 집단에 들어간다. 아직은 정서적 유대감보다는 서로 필요해서('나와 놀아줄 친구!') 친구로 지내기는 하지만, 처음으로 친구를 사귀게 된다. 놀이터, 유치원, 동네에서 작은 사회 집단이 만들어지기 시작한다. 독립성이 커지는 아이의 활동 범위는 새로운 인간관계를 만들 수 있는 더 넓은 영역으로 확대된다.

　　아이는 무의식적으로 포괄적인 사회성 습득 과정을 거치면서 자신이 속한 사회 집단을 찾아간다. 자신이 속한 집단의 규칙과 구조를 받아들이고, 사람마다 차이가 있음을 인식한다. 모든 일에 나서려고 하는 사람은? 누가 어떤 방법으로 자기 주장을 기어이 이루는가? 공부를 잘하는 친구가 사회성도 좋은가?

아이는 서로 관계를 맺으면서 사람들의 행동 패턴을 배우며, 뛰어난 사교성과 대인관계 능력을 갖춘 사람을 발견한다. 예를 들어, 사회성이 좋고 사회적 관계에 대해 일찍 눈 뜬 사람은 사람들 사이의 힘겨루기가 전체의 분위기를 망치며 공존을 위해 결코 좋은 전제가 아님을 빨리 깨닫는다. 그리고 갈등보다는 타협과 협력이 더 효율적이라는 사실과 좋은 동료와 관계를 맺고 지키기 위해서는 반드시 토론과 대화가 필요하다는 사실도 배운다.

대인관계에 대한 의문을 갖고 답을 찾게 하라

아이는 활동 범위가 넓어지면서 새로운 친구들과 관계를 맺고, 인간관계의 어려움도 경험한다. 새로운 의문들이 생겨난다는 말이다. "저 친구는 어째서 나를 싫어하는 걸까? 저 아이는 왜 나랑 같이 놀려고 하지 않을까? 쟤는 왜 저렇게 못됐을까? 선생님은 왜 우리에게 한 책상에 둘러앉아 서로 이야기하라고 하는 걸까? 왜 아이들이 나를 놀리는 걸까?" 이런 종류의 질문에 대한 답은 가족, 특히 부모님이 해주어야 한다. 가장 이상적인 방법은 유치원,

아이는 서로 관계를 맺으면서 사람들의 행동 패턴을 배우며,
뛰어난 사교성과 대인관계능력을 갖춘 사람을 발견한다.

학원, 학교, 친구 집단에서 생긴 아이의 의문점들을 아이와 부모가 함께 이야기를 나누는 것이다. 부모와 함께 대화를 하면서 인간관계와 관련한 궁금증에 대한 답을 발견할 수 있다면, 아이는 대화에서 주위의 집단과 인간관계를 새롭게 인식하게 된다. '인간관계의 규칙'에 대한 의미와 목적의 의문점들도 점점 더 구체화하거나 복합적으로 발전한다. 어떤 규칙들은 즉시 이해하고 받아들이는가 하면, 어떤 규칙들은 새로운 의문점을 낳기도 한다.

만약 부모가 아이의 이런 의문점에 답을 해주지 못하거나 대답을 거부한다면 아이가 품은 인간관계에 대한 호기심과 관심이 사라져버린다. 어차피 물어봤자 소용없다는 생각을 하게 되기 때문이다. 아무리 궁금해도 어차피 혼자서 해결해야 할 문제라는 생각에 호기심조차 품지 않는 것이다. 이러한 상태에서는 아이의 사회성이나 대인관계 능력이 발전할 수 없다.

부모는 아이의 질문에 귀를 기울이고 아이가 무엇이든 물어볼 수 있도록 적극적인 자세를 보여야 한다. 아이에게 부모의 경험과 지식을 전달해 줄 준비가 되어 있어야 한다. 부모 말고 누가 아이에게 대인관계나 사회성, 관계의 가치에 대해 가르친단 말인가?

부모는 아이가 세상을 인식하는 방식 및 자기 자신과 다른 사람을 바라보는 시각에 큰 영향을 미치는 존재다. 아이와 친밀한 관계를 이루며 아이의 사회성 발달에 적극적으로 임하는 사람만이 아이의 사회성을 긍정적으로 발달시켜주는 기준, 좋은 가치 기준을 제공해 줄 수 있다. 이런 사람만이 아이가 사회성이 좋은지, 다른 사람과의 관계에 있어 어려움을 느끼는지 등을 파악할 수 있다. 이런 사람만이 아이의 대인관계 능력이 어느 정도 수준인지 파악할 수 있다.

그러나 제아무리 온갖 노력을 하는 부모라도 아이가 완벽하게 변하지 않는다는 사실을 깨닫고 한계를 인정해야 한다. 부모는 다른 어떤 분야보다도 특히 사회성 교육에서 한계를 느낀다. 소극적이고 조용한 아이는 엄마가 아무리 노력을 해도 엄마가 원하는 정도의 활달한 성격으로 변하기가 거의 불가능하다. 모든 아이는 하나의 독립적인 존재로 자기 자신만의 생각이 있기 때문이다. 아무리 어린아이라도 다른 사람과의 관계에서 하나의 독립적이고 개성 있는 존재라는 점이 명백히 드러나는 부분이다.

사회성을 키워주는 방법

다른 사람을 이해하고 존중하면서 동시에 자기 목표를 잊어버리지 않는 사람이 되는 것, 인간관계의 규칙을 이해하고 실천하며 다른 사람들의 행동을 통해 배우거나 반대로 교훈을 삼는 것, 즉 대인관계 능력과 사회성을 배우는 것은 매우 복합적인 과제다. 그래서 자녀교육 중 사회성 교육에 큰 어려움을 느끼는 부모들이 많다. 그렇다면 부모는 사회성 교육을 어떻게 해야 할 것인가?

● 모범 보이기 사회성은 수학 공식처럼 습득할 수 있는 것이 아니다. 아

이는 자신이 경험한 인간관계 규칙을 받아들이기 때문에 어떤 모범을 보며 배우느냐가 결정적인 영향을 미친다. 사회적 관계의 의미와 목적, 그리고 비판적인 시각으로 인간관계에 대해 고민하며 일관된 행동을 취하면서 높은 사회성을 보이는 부모는 아이에게 좋은 모범이 될 수 있다.

- 규칙 우리는 우리가 속한 집단이 제시하는 규칙을 지키며, 그 집단이 요구하는 행동 양식의 범위에서 행동한다. 아이들도 사회가 제공하는 틀에 적응하는 법을 배워야 한다. 문제는 이 적응 과정이 아이의 자유나 욕구와 충돌할 수도 있다는 점이다. 특히 똑똑한 아이들은 사회의 규범과 규칙에(사춘기가 되기 전부터) 많은 의문을 내놓는다. 그래서 종종 규칙을 지키는 것과 자유를 추구하는 것 사이에서 문제가 생긴다. 어른이 아이에게 규칙을 지킬 것을 지나치게 강요하다 보면 아이는 아예 자신을 외부로부터 차단하고 자기 생각에 갇힌다. 그 결과 아이는 독립성, 상상력, 자립심, 의욕, 호기심을 잃을 수도 있다. 그래서 부모는 규칙에 대한 일관된 기준을 제시하되, 아이의 공감을 이끌어내며 조심스럽게 접근해야 한다.

- 책임 사회성은 대인관계를 경험하며 자신과 다른 사람에 대한 책임을 감당하면서 익히게 된다. 아이에게 책임지는 법을 가르치는 방법은 많으므로 부모가 창의력을 발휘하여 상황에 맞는 방법을 찾아보는 것이 가장 좋다. 각자의 경험을 바탕으로 아이에게 사회성과 적극적인 인간관계를 가르칠 방법을 찾아보자.

● 혼자 놀기보다 다른 사람과 어울리는 것이 더 즐겁다는 것을 알게 하라

아이들은 어떤 한 조직에 속해 있는 것을 좋아한다. 그러나 좋은 만큼 문제도 많다. 대인관계에서 발생하는 문제를 풀기 위해 대화와 토론을 하면서 아이는 새로운 것들을 배운다. 예를 들어, 모든 문제를 나 혼자 해결해야 하는 것은 아니라는 점, 나 혼자 잘날 필요가 없다는 점 등을 배운다. 지혜로운 부모는 아이와 함께 아이가 적응하기 좋은 또래를 찾아 아이에게 공동체의 일원으로서의 경험을 쌓게 해준다. 스포츠클럽이나 각종 스카우트 활동 및 종교 활동 등이 좋은 예다.

사회적 관계 한가운데 서게 하라

사회적 관계는 경험과 깊은 연관성이 있다. 경험은 방에서 조용히 지내면서 쌓을 수 없고, 밖으로 나가야만 한다. 가장 좋은 경험은 또래 친구들 사이에서 하는 경험이다. 그래서 부모는 아이가 또래 친구들과 만나고 관계를 맺는 경험을 할 수 있도록 해주어야 한다.

● 친구 집단 아이들은 다른 아이들을 통해 많은 것을 배운다. 집에 또래 친구들을 초대하는 것은 아이에게 친구들을 만나게 해주는 좋은 방법

이다. 아이의 친구들과 함께 공원 등으로 놀러 가는 것도 좋다. 부모가 먼저 승자와 패자를 결정해 사회성을 키워주는 놀이를 제안해보자. 아이는 친구들과의 관계를 통해 양보하는 법, 자기 주장을 다른 사람을 설득하는 법을 배운다. 특히 친구들과의 놀이를 통해 많은 것을 배운다. 실내에서 친구들과 (메모리 게임 등과 같이) 재미있으면서도 학습 효과가 큰 놀이를 하는 것이 많은 도움이 된다. 실외에서 (잡기놀이, 숨바꼭질 등과 같이) 몸을 많이 움직이는 놀이가 좋다.

- 모둠놀이 초등학교 나이의 아이들은 스포츠를 통해 쉽게 사회성을 배운다. 협동이 필요한 경기를 통해 아이는 다른 사람에 대한 배려와 인내, 함께 다른 사람이 정해놓은 규칙을 지키는 법을 배운다.

- 단체 활동 수학여행은 즐거운 여행 이상의 의미가 있다. 수학여행은 사회성 발달을 위한 집중 훈련 프로그램이라고 볼 수 있다. 수학여행을 아무 어려움 없이 잘 다녀온 아이라면 사회성에 문제가 없는 아이임을 스스로도 인식한다. 스카우트, 환경보호 단체, 스포츠 단체, 교회 청소년 단체 등과 같은 각종 단체와 기관의 활동도 수학여행과 같이 사회성 발달에 좋다. 아이는 이러한 단체 활동을 통해 사회성을 키워나갈 수 있다.

사회성 발달은 시간이 필요한 과정이다. 그래서 아이의 사회성을 키워주려는 부모라면 아이를 돕고 지원할 인내와 긴 안목이 필요하다. 아이가 대인관계와 사회성에 대한 깨달음을 얻기까지 오랜 시간이 걸릴 수도 있다. 다른 사람에 대해 호기심이 많고 다른 사람들과 잘 어울리며 사회성이 좋은 아이라도 성숙한 사회성을 갖기까지 오랜 시간과 과정을 거쳐야 한다.

사고력을 키워주어라

사고력은 어떻게 발달하는가? 아이들은 머리를 쓰는 일에 재미를 느끼

며, 사고력 향상을 위한 부모들의 노력에 충분히 부응해줄 수 있을까? 평

범한 사고력이 아닌, 우수한 사고력을 지녔다는 것은 어떻게 확인할 수

있는가?

마트에서 자기가 좋아하는 숫자를 찾아 진열장의 상품과 표시판을 살피는 아이가 있다. 어떤 아이는 길을 갈 때 칸이 나뉜 보도블록 위를 한 발로 뛰어다니며 앞으로 두 칸, 다시 뒤로 세 칸 그리고 다시 여덟 칸 앞으로 간 다음 잠시 멈췄다가 다시 반복하기도 한다. 어릴 때부터 머리를 쓰는 퀴즈 맞히기에 흥미를 느끼며 늘 새로운 아이디어가 샘솟는 아이도 있다. 일찍부터 바둑에 빠지는 아이도 있다.

사람들은 생각하는 것을 마치 숨 쉬는 일처럼 당연한 것으로 여긴다. 지극히 당연한 일이라고 여긴다. 사람마다 겉모습이 다르듯 생각도 제각기 다르다. 두뇌를 사용하는 훈련은 사람마다 다른 사고력을 향상시킨다. 그러나 한 아이에게 그 아이의 호기심과 관심에 딱 맞는 '먹잇감'을 찾아주기란 쉬운 일이 아니다. 전문가들도 성공적인 사고력 향상을 위한 훈련에 대해 각기 다르게 생각한다.

　부모는 아이와 함께 놀아주면서 자기 아이에게 어떤 방법이 가장 적합한지 알아낼 수 있다. 아이디어가 많고 생각을 많이 해야 하는 복잡한 과제나 숫자놀이, 퀴즈 등을 재미있어 하고 잘 푸는 아이는 가능성이 많은 아이다. 전략을 세우고 문제 해결에 능한 사람이 될 가능성이 크다. 아이가 욕심도 있고, 어려운 문제를 푸는 데서 즐거움과 성취감을 느끼며 놀라운 재능을 보인다면, 사고력이 뛰어난 아이일 수도 있다.

몸 풀기 :
아이의 호기심과 질문에 이렇게 대응하라

유치원이나 학교에 다니는 아이는 머리를 쓰고 꾀를 내야 하는 게임, 자부심을 느낄 수 있는 과제를 좋아하기 시작한다. 아이에게 자율성을 주어 스스로 탐구하고 놀이를 주도할 수 있게 해주면 아이는 호기심과 주어진 과제를 통해 많은 것을 배운다. 좋은 결과가 나올 때마다 아이는 행복해한다. 혹시 부모가 아이의 놀이와 과제에 지나치게 끼어들고 아이의 자율성을 방해하고 있지는 않은가? 아이가 강요받는 느낌이 들지 않도록 아이에게 새로운 동기를 유발하고 아이의 호기심을 자극해주자. 아이의 탐구와 과제를 함께 하면서도 지나치게 간섭하지 않고, 용기를 주고 응원해준다면 아이는 더욱 즐겁고 효율적으로 자신을 발전해 나갈 수 있다. 어린아이일지라도 인정받고 싶어 하며 부모의 동료가 되고 싶어 하므로, '잔소리꾼'이 되어서는 안 된다.

다른 재능이나 능력을 개발해줄 때와 마찬가지로 사고력 발달을 위해서는 아이의 질문과 호기심에 인내하며 관심을 보이고 이해하며 대답해주어야 한다. 이것이 최고의 방법이다. 아이에게 어떤 주제나 놀이를 정해주지 말고, 아이의 선택과 기호를 존중해주어야 한다. 질문이 많고 자세히 하는 아이는 사고력이 발달할 가능성이 많다. 그런 호기심은 아이의 머릿속에 많은 가능성이 숨겨져 있다는 사실을 보여주는 증거이며, 아이 스스로 그 가능성을 드러내기 위한 토대를 만드는 방법이다. 따라서 아이에게 무엇을 할지 제시하거나 특정 훈련방법을 강요하지 말고 아이에게 여러 가지 방법을 제안해주는 것이 가장 바람직하다. 강요는 대개 생산적이지 않게 작용할 가능성이 크다.

세고, 재고, 측정하게 하라

일상생활에서 우리는 늘 숫자와 마주한다. 아이에게 주변에서 발견할 수 있는 숫자가 많음을 일깨워주자. 아이들 대부분은 숫자를 재미있어한다. 어떤 아이들은 숫자를 발견해내는 일에 큰 흥미를 느낀다. 왕성한 호기심은 재능에 대한 첫 단서이기도 하다.

• 공 세기 어린아이들도 양에 대한 인식이 있다. 바닥에 놓여 있던 공의

개수가 갑자기 줄어들면 아이들은 의아해한다. 바닥에 놓여 있던 공 사이에 사과를 놓아주면 더욱더 신기해한다. 공처럼 둥그렇지만, 전혀 다른 모습의 사과와 공을 확실하게 구분할 줄 안다. 작은 공과 큰 공을 섞어놓으면 어떨까? 파란 공과 빨간 공을 섞어놓으면 어떨까? 새로운 변화는 아이의 관심과 호기심을 자극한다. 이러한 자극을 계속 제공하면, 어느 순간 (유치원 나이 이상의) 아이가 공과 사과를 가지고 노는 모습을 볼 수 있다.

- 돈 세기 동전이 가득 든 지갑. 동전을 세어보자. 지갑 속에 든 동전은 몇 개나 될까? 동전은 각각 얼마의 가치인가? 지갑에 든 동전의 가치는 총 얼마인가? 놀이할 때 쓰는 장난감 돈으로도 충분히 연습할 수 있다. 시장을 보면서 진짜 돈을 세는 연습도 해보자. 시장을 볼 때 (초등학교 이상의) 아이에게 돈을 낼 기회를 줘보자.

- 물건 세기 이제 막 숫자 세기를 배운 아이에게 집에 있는 계단을 세어보게 하자. 옆집보다 우리 집 계단이 더 많은가? 우리 집은 창문이 몇 개인가? 큰 창문은 몇 개이고, 작은 창문은 몇 개인가? 집에 있는 냄비와 물컵은 모두 몇 개인가? 집 안 구석구석 숫자를 셀 수 있는 물건이 많다. 숫자에 관심이 있는 (유치원 나이 이상의) 아이들은 나중에 수학 시간이 전혀 걱정되지 않는다.

- 시간 보기 시간이 흐르는 개념을 이해시키는 가장 쉬운 방법으로 해시계를 만들어보자. 막대기를 평지에 꽂고 돌멩이와 손목시계를 이용하여 시간별 막대기의 그림자 위치를 표시하면 해시계가 완성된다. 하루

동안 막대기의 그림자는 막대기를 꽂은 지점 주위를 돈다. 이렇게 익힌 시간 흐름의 개념을 나중에는 '진짜'를 통해 다시 공부한다. (유치원 나이 이상)

- 돌멩이 개수 맞추기 큰 돌멩이와 작은 돌멩이(단추, 나무블록, 앵두 등)를 책상 위에 여러 개 놓는다. 아이는 눈대중으로 돌멩이 수를 알아맞힌다. 누가 가장 근접한 답을 말했을까? (유치원 나이 이상)

- 키 재기 내 키는 얼마일까? 나는 몇 센티미터나 더 자랐을까? 아이라면 누구나 궁금해하는 점이다. 정확한 키를 재기 위해 자를 이용하여 키를 잰 다음 문틀에 붙여놓은 도표에 표시해두자. (유치원 나이 이상)

- 배 쪼개기 어떤 사물을 여러 개로 쪼갤 수 있다. 아이와 함께 여러 가지로 쪼개거나 나눌 수 있는 사물에 어떤 것들이 있는지 함께 생각해보자. 예를 들어, 아이에게 배를 똑같은 크기의 두 쪽으로 나누고 다시 네 쪽으로 나눌 수 있다는 사실을 보여주자. 빵 한 조각을 두 쪽, 네 쪽으로 나누어 보여주자. 아이에게 직접 바나나나 초콜릿 등을 잘라보게 하자. (유치원 나이 이상)

- 빵 굽기 조리법에 쓰인 대로 재료의 양을 정확하게 측정해서 빵을 구워보자. 처음에는 아이에게 빵 만드는 법을 지켜보게 한 다음 역할을 바꿔 아이가 빵을 만들고 부모가 빵 만드는 과정을 지켜보면 된다. 어떤 재료의 양을 재야 하는가? (유치원 나이 이상)

- 주사위놀이 숫자 세기를 좋아하는 아이는 주사위놀이도 재미있어 할 것이다. 주사위 세 개를 차례대로 던진다. 주사위 눈의 숫자가 가장 많

아이디어가 많고 생각을 많이 해야 하는 복잡한 문제나 숫자놀이,
퀴즈 등을 재미있어 하고 잘 푸는 아이는 가능성이 많은 아이다.

이 나오는 사람이 이긴다. 이긴 사람은 이긴 때마다 1점씩 얻는다. 주사위를 모두 열 번 던진 다음 누가 가장 많은 점수를 얻었는지 따져 최종 우승자를 가린다. (초등학교 나이 이상)

정리하고 분류하게 하라 : 머릿속에 질서를 잡게 하라

아이가 정확하게 관찰하고 크기와 형태, 기타 특징 인지하기, 차이와 공통점 발견하기, 기준을 정해 사물이나 개념을 기준에 따라 분류하기 등의 '놀이'에 흥미를 느끼면 일상생활에서 비슷한 과제를 내주면서 아이의 능력을 키워주자.

- 집안일을 도우면서 아이는 집안일을 도우며 정리하는 법을 배운다. 정리하는 방법을 배울 뿐 아니라 집안일을 돕는 내내 사물을 분류하고 구분해야 하므로 머릿속에서도 체계가 잡힌다. 빨랫감은 색깔과 재질에 따라 분류해야 한다. 때로는 이불 빨래와 행주 빨래를 구분해야 하기도 한다. 수저, 그릇, 각종 냄비, 옷 등 집안 살림과 관련된 사물을 분류하고 정리해야 한다. 따라서 집안일을 도와주다 보면 머릿속에서 정리하고 분류하는 기준이 자리 잡는다. 밥상을 차릴 때도 마찬가지다. 혹 자기만의 규칙을 생각해내는 아이도 있는가? (유치원 나이 이상)
- 아이들 방에서 아이가 방에서 놀 때 가지고 노는 여러 종류의 장난감을 다양한 기준에 따라 분류하게 해보자. 예를 들어, 장난감의 수, 크기,

바퀴의 유무로 분류하게 한 다음 인형놀이, 블록놀이, 카드놀이와 같은 기준에 따라 장난감을 분류하게 해보자. 놀이를 할 때뿐 아니라 다 놀고 난 다음 방을 정리할 때 장난감을 정리하는 기준을 제시해보자. (유치원 나이 이상)

• 숲에서 아이들은 수집하는 것을 좋아한다. 숲을 산책하는 동안 솔방울이나 단풍나무 잎이나 떡갈나무 잎을 모은다. 산책하는 동안 수집한 것들을 펼쳐놓은 다음 크기, 색깔, 모양별로 분류해보자. 복잡한 질문을 통해 놀이의 난도를 높여보자. 두 번째로 작은 솔방울은 어떤 것일까? 나머지 잎보다 색깔이 유독 밝은 잎은 어떤 것일까? (유치원 나이 이상)

• 길을 가면서 길을 걸으면서도 질문하기놀이를 할 수 있다. 부모가 먼저 질문을 하고 아이에게 대답하게 한다. 아이가 정답을 말하면 아이가 술래가 되어 질문한다. 만약 정답을 맞히지 못하면 질문했던 사람이 다시 질문한다. 다음과 같은 질문이 적당하다. 행주랑 양말 중 어떤 것이 더 클까? 데이지 꽃과 민들레 꽃 중 어떤 꽃의 꽃잎이 더 클까? 이런 질문에 대한 답을 찾다보면 크기가 정해진 사물이 생각보다 많지 않다는 사실을 깨닫는다. (초등학교 나이 이상)

• 인형놀이를 하면서 인형놀이를 하면서 눈에 띄지 않게 인형들의 위치를 바꿔보자. 뒤에 있던 인형을 앞쪽에 가져다놓고, 왼쪽에 있던 인형은 오른쪽으로 옮겨놓아 보자. 아이가 변화를 감지하되, 사물의 자리가 어떤 '규칙'에 따라 변했는지 알아맞힐 수 있을까? (초등학교 나이 이상)

• 친척들을 떠올리면서 아이와 함께 아이에게 익숙한 친척들을 떠올리면

서 다음과 같은 질문을 던져보자. 우리 가족에서 가장 키가 큰 사람은 누구인가? 키가 가장 작은 사람은 누구인가? 키 순서대로 가장 중간에 있는 사람은 누구인가? 몸이 가장 뚱뚱하거나 가장 마른 사람은 누구인가? 가족에서 곱슬머리는 몇 명이고 대머리는 몇 명인가? 또 어떤 기준에 따라 가족들을 분류할 수 있을까? 각 가족 단위별로 구별해볼까? 친척들 간 관계를 일목요연하게 알아볼 수 있도록 가계도를 그려보면 어떨까? (초등학교 나이 이상)

퍼즐, 카드 등 사회성을 키워주는 다양한 놀이를 통해 각종 규칙과 질서를 익히는 연습을 할 수 있다.

공간지각능력을 키워주어라

아이들은 공간과 방향에 대해 잘 인지하지 못할 때가 많다. 둘 중 어떤 것이 앞쪽으로 나와 있고, 어떤 것이 뒤로 물러나 있는가? 어떤 것이 왼쪽에, 어떤 것이 오른쪽에 놓여 있는가? 나는 지금 어디쯤 서 있는가? 주위가 어두우면 나는 어떻게 해야 하는가?

공간지각능력 역시 훈련을 통해 키울 수 있다. 아이와 함께 공간지각능력 훈련 게임을 하면서 아이가 다른 아이에 비해 이 부분에서 탁월한 능력이 있는지 아니면 오히려 뒤떨어지는지를 확인해보자.

- 냄비 두드리기 게임 먼저 아이의 눈을 가리고 네 발로 기게 한다. 아이에게 앞으로 가라, 뒤로 가라 등의 말을 해서 그대로 따르게 한다. 그다음에는 아이가 눈을 가린 채 마음대로 방 안에서 움직이게 한다. 방 안에 아이가 찾아야 하는 물건을 세워두고 눈을 가린 아이가 그 물건에 가까이 갈수록 "점점 따뜻해진다."라고 말해주면서 힌트를 준다. 물건에서 멀어지면 "차가워진다."라고 외치며 힌트를 준다. 아이는 주는 힌트를 듣고 그것에 맞게 몸을 움직이는가? (유치원 나이 이상)

- 보물찾기 몸을 좌우로 움직이며 보물을 찾으면서 방향감각을 키우는 놀이다. 부모는 아이에게 다음과 같이 아이가 지시에 따라 방 안을 이리저리 돌아다니게 한다. 앞으로 세 발자국 간 다음 두 발자국 뒤로! 왼쪽으로 네 발자국 그리고 다시 앞으로 한 발자국! 아이가 말에 따라 움직이면 보물에 다달을 수 있다. 이런 놀이를 처음 해보는 아이라면 놀이가 쉽지 않을 수 있다. 특히 빠른 속도로 한다면 더더욱 그렇다. (초등학교 나이 이상)

- 길 찾기 살고 있는 도시의 지도를 준비하고 아이에게 지도에 미리 표시해둔 한 곳에서 다른 곳으로 가는 길을 찾아보게 한다. 복잡한 길을 따라 목표 지점으로 가는 길을 찾아내면 다음으로 우리나라 지도를 준비하여 북쪽에서 남쪽으로, 동쪽에서 서쪽으로 먼 여행길을 찾아보게 한다. 아이는 지도를 보고 위치와 방향을 파악할 수 있는가? (초등학교 나이 이상)

- 내기하기 야외에서 하기에 좋은 놀이다. 어떤 집이 더 크고 어떤 집이

더 작은가? 어떤 것이 더 밝거나 어두운가? 어떤 것이 더 반듯하거나 더 구불구불한가? 어떤 것이 더 좁거나 넓은가? 어떤 것이 더 둥글거나 뾰족한가? 어떤 것이 더 길거나 짧은가?

• 숨바꼭질 방 안을 어둡게 하고 숨바꼭질을 해보자. 어두운 공간에서 방향을 잡는 것은 어려운 일이지만 재미는 늘어난다.

"사과 하나, 둘, 셋….."이라는 식의 단순한 숫자 세기 단계가 지나고 나면, 아이는 셋이라는 숫자와 사과를 분리할 수 있으며, 사과 세 개와 과자 세 개와 사탕 세 개는 개수가 같다는 공통점이 있다는 사실을 인지한다. 또 한 단계 발전한 것이다.

재미와 흥미를 잃지 않게 하라

다른 재능을 키워줄 때와 마찬가지로 부모는 아이를 주의 깊게 살펴보고 예리한 직감을 발휘할 수 있어야 한다. 수수께끼나 놀이를 제안할 때 아이의 학습 속도와 아이의 선호와 관심을 고려해야 한다. 지나치게 구체적인 기대나 상상을 하는 것, 아이에게 강요하거나 지나치게 높은 기대를 거는 것은 모두 지양해야 한다. 아이에게 자기가 원하는 학습 방식을 스스로 선택하고 결정할 권한을 주자.

존중 받고 싶어 하는 아이는 욕구를 분명히 드러낸다. 가정에서는 자율성이 보장되어 한다. 사고력 문제, 계산놀이, 난센스퀴즈, 수수께끼, 모두 재미있는 놀이가 되어야지 아이에게 의무가 되어서는 안 된다.

체계 파악하기

아이와 함께 있는 곳이라면 어디에서나 그곳의 질서와 체계를 살펴보며 각 체계의 장단점에 대해 이야기해보자. 아이에게 바람직한 관점과 사고를 길러주는 좋은 방법이다. 이러한 연습을 빨리 한 아이는 미분방정식의 구조나 다른 수학 문제를 더 손쉽게 이해할 수 있다. 아이는 이러한 연습으로 어휘를 비롯하여 새로운 기술을 익힌다.

- 시장에서 시장의 구조를 재빨리 파악하며 첫눈에 물건들이 어떤 기준에 따라 분류하였는지 알아내보자. 시장의 구조를 빨리 익혀 물건을 가장 빨리 찾아내는 사람은 누구인가? 시장의 물건 분류방법을 비판적으로 검토해보았는가? 상점 안 물건들은 찾기 쉽게 분류하고 전시하고 있는가? 아니면 더 좋은 방법이 있는가? (초등학교 나이 이상)

- 자동차 안에서 자동차를 타고 가는 동안 도로와 자동차 운전의 규칙과 체계를 익혀보는 것도 좋은 연습이다. 도로의 체계는 명쾌하고 이해하기 쉬운가? 아니면 복잡한가? 표지판은 효과가 있는가? 정말 표지판이 있어야 하는가? (초등학교 나이 이상)

- 시내에서 지도 읽는 법을 처음 배우는 아이들에게는 다음 놀이가 좋다. 아이에게 지도를 주고 우리 마을을 탐색할 수 있게 해주자. 방향과 위치를 잡기 위해 도움이 되는 주요 지점들은 어떤 방식으로 찾을 수 있을까? 지도가 머릿속에 새겨져, 나중에는 지도가 없어도 마을의 구조를 마치 위에서 내려다보듯 파악할 수 있을까? 우리 동네는 어떻게 구성

되어 있나? 아이와 함께 마을을 어떻게 구성되어 있는지 살펴보자. 집에 돌아와서 지도를 보는 연장선에 있는 '놀이'를 제안해보자. 우리 집의 구조를 그릴 수 있을까? 우리 집과 집 주변을 위에서 내려다봤을 때의 시각으로 그릴 수 있을까? 근처 지역이나 도시의 한 부분의 모습을 떠올리고 그 지역을 지도로 직접 그릴 수 있을까? 좀 더 먼 지역의 지도를 그릴 수도 있을까? 세계지도나 우리나라 지도에서 나라와 도시 이름을 찾아낼 수 있을까? 문제 해결을 위한 실마리(도로, 강, 산 등)에는 어떤 것들이 있을까? 아이는 이러한 과제를 풀고 놀이에 참여하면서 자기 능력을 과시할 수 있다는 것은 머릿속에 나름의 체계가 있다는 증거이다. (초등학교 나이 이상)

- 동물원에서 동물원 구경을 하면, 동물원에는 나름대로 질서와 체계가 있음을 발견할 수 있다. 한쪽에는 맹수들이 모여 있고 다른 한쪽에는 온갖 종류의 원숭이들이 산다. 동물원은 어떤 기준에 따라 여러 부분으로 나뉘어 있는가? 동물원의 구조를 이해했다면 동시에 동물세계에도 규칙과 질서가 있음을 깨달을 것이다. 그리고 원래 있던 체계를 다른 식으로 바꿔보면 어떨까? (초등학교 나이 이상)

- 신문기사를 보면서 신문의 지역소식란을 살펴보면 우리 동네와 관련한 알기 쉬운 문제들이 소개된다. 아이와 함께 신문에 실린 소식을 이야기를 하면서 문제점의 해결책을 찾아보자. 고층 아파트를 더 많이 짓는 것이 좋을까? 찬성하는 쪽에서는 왜 그렇게 주장하는 것일까? 반대하는 사람들은 왜 반대하는 것일까? 사는 지역이 어떤 형태로 구성되어

신문에 실린 소식을 이야기를 하면서
문제점의 해결책을 찾아보자.
고층 아파트를 더 많이 짓는 것이 좋을까?
찬성하는 쪽에서는 왜 그렇게 주장하는 것일까?
반대하는 사람들은 왜 반대하는 것일까?

있고 조직되어 있는지 알아보라. (초등학교 나이 이상)

- 음악을 들으면서 음악을 들으면서 일찌감치 단순한 음악 구조를 파악해내는 법을 배운 아이는 사고력도 향상된다. (초등학교 나이 이상)
- 만들기를 하면서 만들기를 하면서 도면(조립도) 없이 복잡한 건물 모형이나 제대로 작동하는 자동차 모형을 만들 수 있을까? (초등학교 나이 이상)
- 그림을 그리면서 대부분은 그림을 그릴 때 직선과 도형과 색깔을 이용하여 창의력을 표현한다. 그러나 보고 따라 그리는 것 역시 재능이 필요한데, 일정한 구조와 체계를 파악하고 정확하게 옮겨 그리는 능력이 있어야 가능하다. (초등학교 나이 이상)

스스로 생각하는 능력을 키워주어라

인터넷과 텔레비전을 언제든지 접할 수 있어서 저학년 아이들조차 새로운 정보나 지식을 얻는 일은 대단한 일이 아닌 게 되었다. 궁금해 하던 문제들의 자료가 클릭 한 번으로 화면에 나타난다. 아주 간단하다. 일단 한번 찾은 정보는 식구들에게 더 물어볼 필요가 없다. 매체를 통해 얻은 정보는 항상 진리라고 생각한다. 그러나 사진이나 장면이 항상 진실을 말하고 있지는 않다는 것, 인터넷에서 찾은 정보가 때로는 틀릴 수 있다는 점을 우리는 지나쳐버린다. '무엇이든 다' 인터넷에서 찾으려고 하는 것은 좋지 않다. 전문가들은 오늘날 아이들이 스스로 문제에 대한 답을 찾고 생각하는 시간이 줄어들었다고 지적한다. 이러한 현상은 문제를 발견하고 스스로 해결하는 기본적인 삶의 능력을 약화시킬 뿐이다.

비판적인 시각을 익히게 하라

비판적인 시각을 갖게 하는 것에서 중요하게 여기면서 가장 우선해야 할 원칙은 '먼저 생각하고 그다음에 확인한다!'이다. 아이가 컴퓨터와 인터넷에서 찾은 정보를 그냥 그대로 받아들이기보다 아이가 발견한 정보나 해결책을 비판적으로 검토할 수 있게 하자. 인터넷, 텔레비전 및 여러 미디어의 문제점이나 약점에 대해 아이에게 알려주자. 아이와 구체적인 예를 통해 미디어의 문제점에 대해 토론해보자.

- 텔레비전 텔레비전 광고에 나오는 세상은 다 아름다워 보인다. 광고에서 소개하는 내용에서 사실인 것과 그렇지 않은 것은 무엇인가? 토크쇼를 보면서도 마찬가지로 구분을 해보자. 아이가 좋아하는 방송을 함께 시청하면서 방송에서 잘못된 부분, 과장된 부분, 편향된 시각 등을 꼬집어내자. (유치원 나이 이상)
- 신문 연예뉴스나 스포츠신문 등은 사람들의 이목을 사로잡는 자극적 기사가 주를 이룬다. 아이와 함께 문제가 있는 기사들을 찾아보자. 아이에게 비판적인 시각으로 신문 읽는 법을 가르쳐주자. (초등학교 나이 이상)

- 인터넷(검색사이트) 아이에게 인터넷의 맹점에 대해 알려주자. (초등학교 나이 이상)

아이와 미디어의 문제점에 대해 자주 토론하자. 그렇다고 집게손가락을 들어올리고 아이에게 훈계하듯 이야기하지 말자. 편안하게 대화하자. 그러면 아이가 이 주제에 대해 관심을 보이고 텔레비전을 시청하거나 신문을 읽을 때 의문을 제기하며 미디어에서 흘러나오는 정보를 그냥 그대로 다 흡수하지는 않을 것이다.

문제를 해결하게 하라 : 창의적인 발상을 통해 목표를 달성하게 하라

아이가 문제를 다루는 방식을 관찰해보자. 부모가 내준 과제를 통해 아이가 정말로 성장하고 있는지를 확인해보아야 한다. 어떤 과제들은 해답을 찾는 과정 중에 창의력을 자극하며 새로운 시각을 요구하기 때문에 더 큰 재미를 주기도 한다. 아이들은 새로운 질문을 좋아하며 그런 문제를 풀면서 스스로 생각하는 법을 배운다.

- 뮌하우젠 이야기 아이에게 거짓말쟁이 백작 뮌하우젠의 이야기를 요약해서 들려준다. "전쟁을 하던 어느 날, 뮌하우젠 백작이 소속된 군대가 한 성을 포위했단다. 군대 지휘관은 성 안에서 어떤 일이 일어나는지 궁금했지만 꽉 닫힌 성문과 높은 성벽을 넘기가 어려웠지. 그때 뮌하우

젠이 용감하게 나서서 그 부대의 가장 큰 대포 옆에 서서 자신 있게 자기가 성 안을 염탐하고 오겠다고 했어. 대포가 발사되자, 뮌하우젠은 대포알에 잽싸게 뛰어올라 대포알을 타고 성 안으로 들어갔단다. 그런데 성에 가까워지자 뮌하우젠은 걱정이 되기 시작했지. 들어가는 건 쉽지만 어떻게 다시 나온담?" 이야기의 결말을 들려주기 전 아이에게 결말을 맞춰보게 하자. 만약 대포알을 타지 않았다면 뮌하우젠은 성에 어떻게 들어갔을까? 또 어떤 방법으로 성 밖으로 나올 수 있을까? (이야기의 결말은 다음과 같다. "성 안에 들어갔던 뮌하우젠은 성 위로 날아다니는 대포알에 올라타 성에서 안전하게 빠져나왔다.") (초등학교 이상의 나이)

- 동화 동화를 이용하여 창의적인 해결책을 찾는 연습을 할 수 있다. 먼저 동화를 읽어주다가 문제가 발생하는 부분에서 멈춘다. 예를 들어, 백설공주의 계모가 거울 앞에 서서 백설공주를 죽이려고 계획을 세우는 장면에서 멈춘다. 백설공주는 어떻게 계모의 손아귀에서 벗어날 수 있을까? 신데렐라는 어떤 방법을 선택할 수 있었을까? 빨간 모자 소녀는? 아이와 이야기를 나누고 동화책의 결말을 읽어준다. (유치원 이상의 나이)

- 영화 아이와 함께 DVD 영화를 보다가 하이라이트 부분에서 영화를 중단한다. 아이와 함께 주인공이 문제를 어떻게 해결할 수 있을지 이야기해보고, 영화의 뒷부분을 보면서 주인공이 어떤 방법을 선택했는지 알아본다. (유치원 이상의 나이)

- 질문-대답 게임 이 게임은 자동차, 병원 대기실, 식당 등에서 기다리는

시간이 생길 때마다 해보자. 게임 방법은 다음과 같이 재미있는 질문을 던지고 기발한 대답을 찾는 것이다. 하마의 몸무게를 재는 방법은? 거인이 작은 차에 타려면? 어떻게 하면 될까? 큰 배가 잔디밭 위에 서 있다면 어떻게 다시 바다로 보낼 수 있을까? 이 게임은 창의력을 집중적으로 발휘하는 연습이다. 먼저 질문을 만들어내는 과정에서 이미 아이디어를 짜내야 하며, 그다음에는 기발한 해답을 찾아야 한다. (초등학교 이상의 나이)

- 발명가놀이 새로운 기계를 생각하고, 그림으로 그려보자. 이 세상이 어떻게 변할 수 있을지 생각하고, 그림으로 그려보자. 재미있으면서도 쉽지 않은 과제다. 예를 들어, 요리하는 기계가 있다면 어떻게 생겼을까? 수중도시는 어떤 모습일까? 달 위에 있는 도시는 어떤 모습일까? 창의적인 아이들이 재능을 펼쳐 보일 수 있는 놀이다. (초등학교 이상의 나이)

시도해보게 하여 사람들을 놀라게 하라

아이들은 대개 숫자놀이, 수수께끼, 마술, 실험, 사고력 게임을 좋아한다. 이런 게임은 종류가 무궁무진하다. 호기심이 많은 아이의 뇌는 '먹을 것'을 많이 요구하기 때문이다.

실험하기

도저히 믿을 수 없는 일이군! 정말 가능한 일일까? 도대체 어떻게 가능할까? 호기심이 많고 창의적인 아이들은 실험을 좋아한다. 이런 아이들은 마음껏 실험하고 탐구할 기회를 주면 상상 이상의 것들을 해낸다. 작은 '과학자'의 실험정신을 깨워주기 위한 몇 가지 팁을 소개한다..

• 공중에 떠 있는 물 유리컵에 물을 (넘치기 직전까지) 가득 채운 다음 컵받침을 컵에 얹는다. 이제 받침으로 유리컵의 입구를 막으며 컵을 뒤집는다. 이제 컵받침을 받쳤던 손을 뗀다. 놀랍게도 컵받침은 그대로 유리컵에 붙어 있다. 컵에 있는 물이 안에서 컵받침을 밀지만, 바깥에서는 공기가 유리컵 받침을 유리컵 입구 쪽으로 강하게 밀기 때문에 가능한 일이다. (초등학교 이상의 나이)

• 구멍이 난 손 20×30센티미터 정도 크기의 종이를 지름이 3~4센티미터 정도 둥글게 말아 관을 만든다. 이제 이 관을 망원경처럼 오른쪽 눈에 갖다 대고 왼손을 펴서 손바닥을 왼쪽 눈앞에 갖다 댄다. 양쪽 눈을 뜨고 정면을 보면 마치 왼손에 구멍이 난 것 같은 착시현상이 일어난다. 이것은 양쪽 눈이 각자 인지한 것을 뇌로 보내기 때문에 가능하다. 뇌에 보낸 두 눈의 정보는 다시 하나의 그림으로 합쳐져 착시현상을 일으킨다. (초등학교 이상의 나이)

• 두 개의 코 둘째와 셋째손가락을 교차해서 꼬아준다. 이제 두 손가락의 끝이 동시에 코끝을 건드릴 수 있도록 손을 코에 댄다. 두 손가락의 끝

이 동시에 코에 닿은 상태에서 코를 아래위로 쓰다듬으면 마치 두 개의 코를 만지고 있다는 착각이 든다. 아주 희한한 느낌이다. 이것은 촉각을 인지하는 뇌 속에서 일어난 혼란 때문에 일어나는 현상이다. (초등학교 이상의 나이)

수수께끼와 두뇌게임을 하라 : 뇌 운동을 시켜라

수수께끼와 두뇌게임은 다른 놀이와 마찬가지로 아이의 발달에 도움이 되는데, 무엇보다 예리한 사고력을 높여주며 재미를 느끼게 해준다. 학습과 훈련과정에서 느끼는 재미는 중요하고 결정적인 요인이다. 정답을 잘 알아맞히는 아이는 똑똑하고 상상력이 풍부하며 인내심이 있다. 퀴즈와 달리 수수께끼는 지식이 많지 않으면 풀 수 없기 때문이다.

• 기억력 훈련과 팀 게임 참가자가 많을수록 좋다. 한 명이 밖으로 나간다. 다른 아이들은 시계, 안경, 신발 등을 서로 바꾼다. 밖으로 나간 아이가 다시 들어온다. 뭐가 바뀌었는지 눈치챘을까? 또 다른 방법으로, 서로 물건을 바꾸는 대신 서로의 자리를 바꾸어본다. 아니면 칠판에 여러 가지 물건을 그리고 모두가 칠판을 보다가 5분간 칠판을 가린다. 칠판에 어떤 그림이 있었는지 기억할 수 있는 사람은? 또 다른 기억력 훈련 게임으로는, 눈을 가린 채 줄지어 세워놓은 열 개의 장난감을 만져보게 하는 것이다. 그다음 장난감의 순서를 바꾼다. 순서가 어떻게 바

꾸었는지 맞출 수 있을까? 이번에는 상상으로 짐을 싸며 가방에 넣을 물건을 말한다. 다음 아이는 앞사람이 말한 물건을 순서대로 말하고, 자기가 넣을 물건 한 가지를 더 보탠다. 다음 아이 역시 앞사람이 말한 것을 반복하고 한 가지를 추가한다. 가방에 들어갈 물건이 점점 많아진다. 목록이 길어질수록 들어갈 물건을 순서대로 기억하기가 어려워진다. (어른이 조금씩 힌트를 주는 것은 괜찮다.) 아이들이 이런 종류의 게임에서 어른보다 더 좋은 실력을 발휘하는 것은 그리 신기한 일이 아니다. 대개 아이의 기억력이 어른의 기억력보다 우수하다. 새로운 인상과 자극을 수용하는 데 어른보다 열려 있기 때문이다. (유치원 이상의 나이)

• 머리 굴리기 수수께끼와 난센스퀴즈를 풀려면 머리를 쥐어짜야 한다. 예를 들어보자. 어떤 저녁은 이미 아침에 시작되는가? (토요일) 누구나 그렇게 해야 하지만 지금 당장 그럴 필요 없는 일은? (나이 먹는 것) 나무 주위를 계속해서 돌고 있지만 지치지 않는 것은? (나이테) (초등학교 이상의 나이)

각종 놀이를 소개하는 책에는 머리를 써야만 하는 성냥개비나 동전을 이용한 게임, 글씨 쓰기, 그림 그리기놀이가 있다. 이런 놀이를 활용하면 아이의 두뇌 발달을 도울 수 있다.

재치 있는 언어를
쓰게 하라

어휘력이 풍부한 아이. 자신을 잘 표현할 줄 아는 아이. 자기 생각을 언어

로 잘 포장하여 다른 사람에게 전달하는 아이. 언어적 재능은 이처럼 다

양한 형태로 나타날 수 있다. 언어의 목적은 소통이다. 생각과 감정을 표

현하는 수단이다. 자신을 표출하는 방법이다. 그 때문에 언어적 재능이 많

은 사람은 훌륭한 장점이 있는 사람이다.

생각과 직결되는 것이 바로 언어다. 생각을 정리하고, 기억을 떠올리며, 머릿속에서 일어나는 일들과 감정을 묘사하고 표현하는 수단이 바로 언어다. 문장과 단어는 생각과 감정, 기억, 경험과 연계될 때에야 비로소 의미가 있다. 언어에 감각이 있고 재능이 있는 아이들은 바로 이러한 연결고리를 일찌감치 깨닫고 쉽게 만들어낸다. 다섯 살짜리 아이가 스스로 지은 끝도 없이 긴 이야기를 들려준다면, 이야기를 듣는 사람들은 아이가 표현력이 좋다며 신기해할 것이다. 만약 여섯 살짜리 아이가 만화를 그리고 말풍선에 재미난 대사까지 써넣는다면 다들 놀라워 한다. 어떤 아이들은 텔레비전 소리를 줄이고 화면에 나오는 장면에 맞춰 자기가 말로 설명을 덧붙이기도 한다.

언어와 관련한 재능은 많은 분야에서 나타난다. 어떤 아이들은 모국어를 완벽하게 구사하며 풍부한 어휘력을 자랑하고, 단어의 뉘앙스 차이에 예민하게 반응한다. 반면 다른 사람을 설득하고 말로 사람의 마음을 바꾸는 재주가 있는 아이들도 있다. 언어를 생각을 정리하는 도구로 사용하는 아이들도 있다. 복잡한 생각을 정리하는 데 언어를 활용하는 것이다. 또 어떤 때에는 언어가 음악과 같은 기능을 한다. 어쨌든 언어에 몸을 담그는 사람만이 언어적 재능을 발전시킬 수 있다. 언어 재능을 발달시키기 위한 가장 효과적인 방법은 일상생활에서 항상 완전한 문장을 사용하는 것이다. 사투리여도 좋고, 표준어여도 좋다. 구체적인 표현을 사용하는 것이 중요하다. 활용할 수 있는 언어의 범위가 넓을수록 언어적 재능도 여러 방면에서 나타날 수 있다.

다른 재능을 발달시킬 때와 마찬가지로 언어 재능을 키워주려면 부모가 소개하는 둘 사이에 균형점을 찾아야 한다. 즉, 텔레비전 보기나 컴퓨터 게임 등 아이가 하고 싶은 것을 허용하는 것과 좋은 교재, 자극, 제안으로(옛날이야기, 그림책, 추리소설, 말하는 책 등으로) 아이에게 언어 자극을 주는 것 사이의 균형이다.

또한 부모는 최대한 뒤로 물러서야 한다. 지나치게 많은 학습 방법을 제공하고 강요해서는 안 된다. 기본적으로 아이의 질문에 대답해주며, 아이의 개인적 취향과 선호를 고려하고, 아이가 좋아하는 놀이와 언어능력에 초점을 맞추자. 아이에게 여러 가지 자극을 줄 수 있는 환경을 만들어줌으로써 아이가 자신을 자유롭게 표현할 수 있도록 도와주자. 아이의 언어적 발전과 언어에 대한 관심을 대견해하고 기뻐해주는 것도 중요하다.

활용할 수 있는 언어의 범위가 넓을수록
언어와 관련한 재능도 여러 방면에서 나타날 수 있다.

전문가들은 어린이 시절과 청소년 시절의 언어능력이 다소 떨어졌던 사람 중에는 나중에 폭포에서 물이 쏟아져 내리듯 빠른 속도로 말하는 능력을 갖추거나, 특정한 부분에서 탁월한 언어능력을 드러내는 일도 있다고 보고한다. 수다스러운 사람이든 조용한 사람이든 부모라면 아이의 언어발달에 책임이 있다. 시중에 판매되는 언어발달 프로그램이나 학습교재로만 아이의 언어 재능을 키워주려는 것은 바람직하지 않다. 어떤 아이도 집에서 언어발달을 위한 '학습계획'에 따라 공부하고 싶어 하지는 않는다. 집에서 또 다시 학교 수업을 받아야 한다면? 아이는 분명히 거부반응을 보일 것이다. 아이에게 언어의 역량을 발달시키는 즐거운 놀이를 제안해보자.

언어가 귓가의 음악처럼 들리게 하라

언어 재능은 대개 일찌감치 언어에 대한 관심과 선호를 통해 나타난다. 아이가 특이한 발음의 단어를 듣고 웃음보를 터뜨렸다면 언어에 대한 관심이 있다는 증거다. 이런 아이의 즐거움을 잘 살려주자.

말소리에 관심을 갖게 하라

일상을 라임, 이야기, 노래 등보다 재미있게 들리는 언어의 형태로 더욱 풍요롭게 해보자. 어린아이들일수록 반복되는 것을 좋아한다. 아이들은 같은 것을 계속 반복해도 처음 들을 때와 마찬가지 반응을 보이게 마련이다. 반복을 통해 즐거움을 지속할 뿐 아니라 반복해서 들려오는 내용이 머릿속에 새겨지기도 한다.

- 어린이 라임 전래 라임이나 현대 라임은 흔히 손 동작이 곁들여지며, 아이들이 특히 유치원 나이에 좋아하는 요소들을 포함한다. 재미있는 말소리, 유머, 약간의 그로테스크한 요소, 발칙함, 재미있는 라임구와 억양을 포함한다. 이 모든 요소는 언어에 대한 아이의 호기심과 관심을 자극한다. (유치원 이상의 나이)
- 동요 아이들은 동요의 멜로디뿐만 아니라 동요 가사의 말소리도 좋아한다. '산 토끼, 토끼야' 또는 '곰 세 마리' 같은 동요의 가사를 생각해보자. 재미있는 가사는 아이들이 노래를 따라 부를 수 있게 해주는 역할을 하기도 한다. (유치원 이상의 나이)
- 상상의 언어 초등학교 고학년 아이들은 발음이 재미있는 언어로 자기만의 언어 만들기를 좋아한다. 자신이 만들어낸 언어의 말소리가 마치 중국어나 이탈리아어처럼 희한하게 들리기라도 하면 배꼽을 잡으며 좋아한다. (초등학교 이상의 나이)
- 텅 트위스터 "간장공장 공장장은 강공장장이고…." 등 발음하기 어려운

문장을 연습하는 것은 재미있는 일일 뿐 아니라 아이가 직접 새로운 형태의 문장을 만들어보도록 아이를 자극하는 역할을 하기도 한다. (초등학교 이상의 나이)

이야기하고 언어를 가지고 놀게 하라

가장 좋은 언어능력 발달 훈련은 일상에서 부모가 아이와 대화를 나누는 중에 일어난다. 아침식사 시간과 방과 후 시간, 점심때 등 시간이 날 때마다 아이와 이야기를 해보자. 부모에게는 매일 아이의 언어능력과 언어 재능을 키워줄 기회가 있다. 부모가 겪은 일들, 감정, 생각을 아이에게 이야기해주면서 아이 역시 자기 이야기를 하게 유도해보자. 아이에게 질문하고 (기대하는 답을 정해놓고 질문하는 것은 바람직하지 않다.) 귀 기울이는 것이 가장 중요하다. 아이는 부모와 동등한 정도의 발언권을 가져야 한다. 그러나 이야기하거나 자기 자신을 표현하고 공유하는 것을 싫어하는 아이들도 있다. 이러한 아이의 특성을 인정하고 받아들이는 것은 부모로서 쉽지 않은 일이다.

언어의 바다에 뛰어들어 이야기를 건져라

아이와 함께 이야기와 동화와 전설 속으로 빠져보자.

- 읽어주기 아이에게 책 읽어줄 시간을 내자. 이야기, 시 등 다양한 것들을 읽어주자. 아이에게 책 읽어주는 시간을 정해놓고 일상이 되게 하자. 책을 읽어줄 때는 다음과 같이 해보는 것도 좋다. 이야기를 끝까지 읽어주지 말고 결말 직전에 중단한다. 아이가 상상력을 발휘하여 결말을 지어낼 수 있게 해보자. 그리고 책 속 '진짜' 결말을 들려준다. 또 동화나 전설 등을 읽어주자. 특히 이러한 '옛날' 이야기들이 아이들의 관심을 깨우기도 한다. 라임을 통해 억양이나 말의 리듬에 대해서도 아이에게 설명해주자. 어쩌면 아이가 직접 라임이나 시를 지어보고 새로운 전설이나 소설을 만들어내려고 상상력을 발동하는 과정에서 언어와 관련한 재능이 나타날 수도 있다. 이때 부모의 역할은 참고 아이의 이야기에 귀를 기울이고 질문을 던지는 것이다. 화자와 청자 사이의 감정적인 교류가 전제되어야 발달할 수 있다. 그래서 텔레비전을 통한 언어 훈련은 별 소득이 없다. (유치원 이상의 나이)

- 이야기해주기 아이에게 가능한 한 많은 이야기를 들려주자. 귀에 익은 이야기를 새로운 형태로 들려주고, 지어낸 이야기나 실화 등을 들려주자. 텔레비전이나 신문기사에서 본 이야기도 좋다. 이야기는 언제 어디서나 해줄 수 있다는 장점이 있다. 예를 들어, 진료를 받기 위해 대기실에서 기다리는 동안, 자동차를 타고 이동하는 사이에, 또는 아이가 잠들기 전 머리맡에서 들려줄 수 있다. (유치원 이상의 나이)

- 질문놀이 부모가 술래로 "고양이는 점프할 줄 아는가?" 또는 "다람쥐는 나무를 탈 줄 아는가?" 등의 질문을 던진다. 아이는 고개를 끄덕이

거나 좌우로 흔드는 두 가지 방법을 이용해서 술래의 질문에 대답한다. 고학년 아이들끼리 이 놀이를 할 경우에는 한 번 씩 술래를 계속해서 바꾼다. 질문하고 대답하는 속도를 점차 빨리 하면 재미가 더 커진다. (유치원 이상의 나이)

• 연극놀이 무대 위 '진짜' 연극에서 언어는 매우 중요한 요소다. 더불어 일상에서 벌어지는 온갖 '연극' 같은 상황에서도 말은 중요한 역할을 담당한다. 이때 언어는 말소리뿐 아니라 표정, 몸짓, 목소리 크기 등도 포함한다는 사실을 기억해야 한다. 일상에서 연극배우가 되어보자. 아이에게 목소리 크기나 음색의 변화를 통해 같은 말이라도 설득력, 에너지, 즐거운 정도가 달라진다는 것을 보여주자. 아이와 함께 연극놀이를 하며 목소리와 말투의 다양한 표현 방법을 연출해보자. (유치원 이상의 나이)

• 특징 묘사하기 계속해서 술래가 바뀌는 놀이다. 함께 하는 사람이 많을 수록 재미가 더해진다. 술래는 특정 인물을 묘사하는데, 최대한 많은 형용사를 사용해서 그 인물을 설명한다. 예를 들어, 몸집이 뚱뚱하고 키가 작은 아주머니가 있는데 이 아주머니는 코는 납작하고 각진 분홍색 안경을 쓰고 다니며 늘 기분 나쁜 표정을 지으며 이마에 주름이 잡히도록 인상을 쓰면서 "이 초록색…!"이라고 소리친다는 설명을 한다. "초록색"이라는 단어가 나오면 무조건 다음 사람이 술래가 된다. 아니면 가장 먼저 어떤 인물이 묘사되고 있는지 눈치 채고 "멈춰."라고 외친 사람이 그 인물을 계속해서 묘사하는데 이때도 역시 최대한 다양한 형

용사를 사용해야 한다. 어휘력 향상에 효과가 큰 놀이다. (초등학교 이상의 나이)

- 그림 묘사하기 이 놀이 역시 언어 감각을 키우는데 좋은 놀이다. 그림을 보고 자세히 묘사하는 놀이다. 예를 들어 박물관에서 또는 그림책이나 잡지를 보며 할 수 있는 간단한 놀이다. 시장을 보러 나갔다가 진열장 앞에 서서 진열된 물건들을 상세히 설명해볼 수도 있다. (초등학교 이상의 나이)

- 독서 책과 독서가 삶의 중요한 부분을 차지하는 부모, 서점에 자주 가고 늘 책이나 신문이나 잡지를 가까이하는 부모를 둔 아이는 부모에게 영향을 받아 역시 독서를 좋아하게 마련이다. 독서는 언어발달을 위한 가장 훌륭한 방법이다. 책을 많이 읽는 사람은 책을 통해 세상을 만나며, 이야기에 빠져버리기도 하고, 신기한 사람들을 발견하며, 모험을 떠나기도 한다. 그 결과 사고력이 자극되고 지식이 축적된다. 아이에게 자신이 어릴 때 가장 좋아했던 책이자 어른이 된 후에도 계속해서 중요한 의미로 남은 책에 관한 이야기를 들려주자. 또 좋아하는 잡지나 신문에 대해 이야기해보자. (초등학교 이상의 나이)

- 민요 및 기타 노래 아이들은 처음으로 동요를 배우고 나면, 왕이나 특정 지역과 관련한 동화, 전설, 신화가 소재인 줄거리가 있는 노래를 선호하는 경향이 있다. 지금의 이야기를 소재로 한 노래들은 비교적 줄거리가 밝고 경쾌하다. 어떤 종류의 노래든 상관없다. 노래를 부르는 동안 노랫말을 통해 언어가 정교해진다.

● 쓰기 독서를 좋아하고 독서량이 많은 아이는 직접 이야기를 만들어서 써보고 싶다고 생각한다. 아이가 지어낸 이야기에 관심을 두고 그 이야기를 기록할 수 있게 해주자. 그리고 나서 아이가 쓴 이야기에 대해 의견을 나눠보자. 아이에게 작가와 기자에 대한 이야기를 해주자. (초등학교 이상의 나이)

단어와 구문 가지고 놀기

언어에 즐거움을 느끼는 아이들은 말놀이를 좋아한다. 농담, 라임, 속담, 난센스퀴즈 등을 하며 시간을 보내는 아이는 이러한 말놀이를 통해 사고력이 높아질 뿐 아니라 언어능력도 자란다. 언어에 재능이 있는 아이들은 말놀이를 좋아한다.

● 기억력 훈련과 언어 연습 참가자들은 모두 야외에 있는 벤치에 앉아서 대기한다. 모두 눈을 감고 벤치에 앉았을 때 보였던 주변의 모습을 기억해내면서 묘사해본다.

● 단어 맞추기 두 명이 술래가 되어 동음이의어를 하나씩 고른다. 차례대로 자기가 생각한 단어를 나머지 사람들에게 설명해준다. 설명을 들은 사람들은 어떤 단어를 설명한 것인지 맞혀야 한다. 공, 배, 지도책, 눈, 말 등과 같은 단어가 대표적으로 사용할 수 있는 단어들이다.

● 수수께끼 수수께끼는 사고력과 언어능력 발달에 좋다. 정답을 찾아내

독서를 좋아하고 독서량이 많은 아이는 직접 이야기를 만들어서
써보고 싶다고 생각한다. 아이가 지어낸 이야기에 관심을 두고
그 이야기를 기록할 수 있게 해주자.

기 위해 애쓰는 동안 평소에는 사용하지 않았던 뇌세포들이 활성화된다. 수수께끼의 몇 가지 예로 다음과 같은 것들이 있다. 다리는 다리인데, 걷지 못하는 다리는? (책상다리)

- 단어 설명하기 두 사람이 짝을 지어 하는 놀이로 서로 번갈아가며 '연못', '해변', '옹달샘', '시장', '숲길' 등과 같은 다양한 주제어를 제시한다. 술래가 된 사람은 예를 들어 연못의 모습을 묘사해야 한다. 연못 주위에 자라는 식물, 돌, 토양의 특성, 연못에 사는 금붕어 등에 관한 이야기를 지어낼 수 있다. 또는 다른 식으로 연못을 설명할 수도 있다. 해변은 어떻게 설명하면 좋을까?

일찌감치 눈에 띄는
운동선수 기질을 발견하라

신체활동은 신체와 정신건강에 유익하다. 운동을 통해 다양한 삶의 경험

을 한다는 사실을 인식하는 아이는 거의 없다. 아이들은 그저 재미 때문

에, 때로는 성취욕 때문에 운동할 뿐이다. 아이에게 특별한 운동능력이 있

는지는 어떻게 알아낼 수 있는가? 또 이러한 능력은 어떻게 하면 키워줄

수 있는가?

온종일 뛰어다니는 아이가 있다. 가만히 앉아 있는 것을 힘들어할 정도다. 거의 모든 시간은 공을 이리저리 던졌다가 다시 공을 잡으면서 보낸다. 뒤로 걸어가기에 재미를 붙이고, 자전거를 갖고 싶어 하며, 특별한 훈련 없이도 손쉽게 물구나무서기를 하는 아이도 있다. 어른이 막지만 않으면 사방팔방으로 뛰어다니며 공중으로 높이 뛰어오르는 아이들이 있다.

몸을 움직이는 아이들이야말로 세상을 직접 경험하고 배워나갈 수 있다. 운동에는 그저 조용히 앉아 있는 시간을 보상하기 위한 활동 이상의 의미가 있다. 몸을 움직임으로써 아이는 자기 몸과 자기가 존재하는 공간을 인식할 수 있다. 형태, 크기, 부피에 대한 감각과 자신의 신체적 능력에 대해 알고 나서야 자기 주변에 대해 탐구할 수 있다. 문제는 갈수록 많은 아이들이 이와 같은 경험을 하지 못한다는 것이다. 밖에서 놀면서 몸을 움직이거나 친구들과 함께 운동장에서 뛰어놀기보다 컴퓨터나 텔레비전 앞에서 시간을 보내는 아이들이 많아지고 있다. 신체활동은 특히 남자아이들에게는 매우 중요하다. 물론 건강을 위해서 운동은 필수적이다. 그러므로 아이의 운동능력이 뛰어나다면 부모로서 매우 기뻐하며 이 재능을 키워줘야 한다!

다시 옛날로 돌아가라 : 움직임이 많은 놀이를 즐기게 하라

운동부족은 신체와 정신과 영혼에 나쁜 영향을 준다. 갈수록 많은 아이가 잘못된 자세 때문에 건강 문제, 발달장애, 비만 등에 시달린다. 뒤구르기나 풍차 돌리기나 물구나무서기 같은 간단한 묘기를 할 줄 아는 아이가 그리 많지 않다. 몸을 움직일 기회가 없으니 운동신경이 좋아도 발달하지 않고 사라져버리기 일쑤다. 신체를 활발하게 움직이지 못하면 자기 에너지를 최대한으로 활용할 수 없다.

몸을 움직이려는 욕구는 누구나 타고나지만, 오늘날에는 이 욕구가 대부분 사라져버리고 만다. 신체활동에 대한 욕구가 사라진다는 것은 중요한 삶의 즐거움 한 가지를 잃어버리는 것을 의미한다. 인간에게는 근육이 650개가 있으며, 이 근육들은 꾸준히 단련해야 한다. 이 근육들은 운동장이나 수영장이나 마당에서 뛰놀면서 제기능을 발휘한다.

몸을 움직이는 아이들이야말로 세상을 직접 경험하고
배워나갈 수 있다. 운동에는 그저 조용히 앉아 있는
시간을 보상하기 위한 활동 이상의 의미가 있다.

부모는 아이들을 충분히 움직일 수 있게 해주어야 한다. 몸을 움직여야 숨도 깊이 쉴 수 있다. 숨을 많이 들이마신다는 것은 곧 뇌에 전달할 많은 양의 산소를 들이마신다는 것을 뜻한다. 운동을 하면 심장박동이 빨라진다. 그만큼 무기력한 증상이 줄어든다.

하루에 한 번은 에너지를 발산하게 하라

운동부족을 이유로 처음부터 전문가들을 위한 훈련프로그램이나 스포츠클럽, 발레 코스에 가입해야 하는 건 아니다. 아이에게 평소에 더 자주 움직일 수 있는 환경을 제공하자. 아이가 안전하고 자유롭게 움직이도록 해주자. 서서히 용기를 내 더 자립적으로 움직일 수 있게 해주자. 절대 강요하지 말자. 신체활동은 즐거운 일이 되어야지 의무가 되어서는 안 된다는 원칙을 실천하자. 가정에서 쉽게 실현할 수 있는 신체활동으로 시작하자. 아이가 무엇을 좋아하는지 관찰하되 특정 운동을 하도록 강요하지 말자. 아이에게 먼저 부모가 활동적인 모습을 보여주어야 한다. 몸을 움직이는 것이 기분을 좋게 하고 만족감을 준다는 사실을 몸소 보여주자. 실제로 신체활동은 행복호르몬을 분비시킨다. 아이가 어떻게 몸을 움직이는지 관찰해보자. 민첩한가? 남달리 움직임이 빠른가? 특별히 운동신경이나 능력이 있는 것 같은가?

• 계단 오르기 엘리베이터를 타기보다 계단을 이용하는 습관을 들이자.

계단을 두 개씩 뛰어오를 수 있나? 누가 먼저 계단을 올라가나? 계단을 거꾸로 올라갈 수 있나?

- 자전거 타기 아이가 유치원이나 학교에 갈 때, 자전거를 타고 가게 해보자. 어른이 함께 간다면 안전에도 문제없다.

- 걷기 가능한 한 자주 걸어 다니자. 시장을 볼 때, 친구들을 만나러 갈 때, 학원이나 과외활동을 하러 나갈 때, 걸어 다니는 습관을 기르자.

- 집에서 놀기 아이와 함께 일상에서 몸을 많이 움직이는 놀이를 해보자. 예를 들어, 방에서 구르기, 거꾸로 걷기, 제자리에서 높이 뛰어오르기, 한 발로 서서 오래 버티기, 앞구르기, 똑바로 누워서 양손으로 허리를 받치고 두 다리를 들어올려 버티기 등을 놀이처럼 해보자.

- 산책하기 정기적으로 산책을 하여 산책이 가족의 일상이 되게 하자. (강아지를 키우는 집이라면 더 쉽다.) 저녁마다 집 근처 숲이나 시내를 한 바퀴 돌고 오자. 한 발로 뛰기, 두 발로 동시에 뛰기 등을 하며 산책을 더 재미있게 만들 수도 있다. 아이가 생각해낸 새로운 산책 방법에는 어떤 것들이 있는가?

- 뛰놀기 아이가 정기적으로 야외에서 놀 기회를 주되, 늘 같은 놀이터나 같은 장소로 가지 않도록 한다. 아이와 함께 놀이터, 공원, 숲 등으로의 소풍을 계획하자. 다양한 조건에서 아이가 자기 에너지를 다 쏟아내고 몸을 움직이려는 욕구와 능력을 발견하게 해주자. 놀이터에서 기구를 타고 올라가기, 균형 잡기, 뛰어내리기, 달리기 등 다양한 신체활동을 할 수 있게 해주자. 숨바꼭질이나 잡기놀이처럼 아주 단순한 놀이도 아

이가 몸을 충분히 움직일 수 있게 도와준다. 주위에 있는 공터나 놀이터를 활용해보자. 이때는 아이가 재미를 느끼는 것이 가장 중요하다.

몸을 많이 움직이는 것은 운동능력을 키워주는 가장 바람직한 방법이다. 일단 몸을 많이 움직이고 신체활동을 즐거워하면 점점 민첩해지고 자기 몸의 움직임에 더욱 예민해진다. 결과적으로 외형적으로도 긍정적인 인상을 준다. 그리고 언젠가는 운동신경이나 능력으로 발달한다. 늘 형과 달리기 시합을 하던 아이는 나중에 육상선수가 될 가능성이 있다. 마당에서 동네 아이들과 자주 공놀이를 하던 아이는 테니스를 할 때 남들보다 공에 더 좋은 감각을 발휘할 수도 있다.

 같이 놀 친구를 사귀게 하라

아이들은 친구, 형제자매, 이웃집 아이들 등과 같이 '같이 놀 친구'가 필요하다. 아무리 좋아 보이는 놀이에서도 혼자 놀면 재미가 없다. 아이는 다른 사람들, 자기보다 크거나 작은 친구, 힘이 세거나 약한 친구, 자기보다 빠르거나 느린 친구와 놀이를 하면서 자기 능력을 측정하려는 욕구가 있다. 이를 통해 자기 자신을 발견하고 자기 능력과 한계를 알게 된다. 같이 노는 친구들이 일종의 척도 역할을 한다. 친구들은 아이를 응원해주기도 하고 칭찬이나 비판을 해주기도 하는 관중 역할도 한다. 아이가 자신 있게 실패를 딛고 일어나, 성공을 즐기게 하는 것은 일차적으로 부모의 역할이기는 하나, 아이가 커갈수록 또래 친구들이 이 역할을 맡는다.

각종 클럽이나 모임에 스스로 나가게 하라

모든 아이가 몸을 움직이는 것을 싫어하거나 운동신경이 떨어지는 것은 물론 아니다. 아이들 대부분은 운동을 좋아하며 각종 클럽이나 모임에 가입하여 정기적으로 운동한다. 처음에는 부모의 권유가 동기였지만, 시간이 지날수록 같이 모임에 나가는 친구들과의 만남이 동기가 된다. 친구들과 함께하는 재미는 운동을 통해 달성하는 성과나 충족되는 성취욕 그 이상의 의미를 갖는다. 운동능력은 다음과 같은 과정에서 많이 발견된다.

● 맛보기 코스 스포츠클럽에서는 종종 맛보기 코스를 제공하여 아직 가입하지 않은 아이들에게 클럽에서 무얼 하는지 체험해볼 수 있게 해주며, 아이는 이러한 코스를 통해 자기가 어떤 운동을 좋아하는지 알아볼 수 있다. 집에서는 다음과 같은 사항들을 점검해보자. 운동량이 충분한가? 아이는 혼자 운동하는 것을 더 좋아하는가, 아니면 팀을 이루어 하는 운동을 더 좋아하는가? 땅에서 하는 운동을 선호하는가, 물에서 하는 운동을 선호하는가? 기구를 이용한 운동과 그렇지 않은 운동 중 어떤 것을 더 좋아하는가? 공을 이용하는 운동에 관심을 보인다면 큰 공이 적합할까, 작은 공이 더 적합할까? 아이가 맛보기 코스에 참가하는 동안, 부모는 아이에게 운동을 한 기분이 어떤지 물어보며 아이가 운동하는 모습을 지켜보는 것이 바람직하다. (물론 아이가 원할 때에만 운동하

는 모습을 지켜보아야 한다. 어떤 아이들은 관객이 없어야 더 편안하게 집중하고, 자기 능력을 발휘하고 발견할 수 있기 때문이다.)

- 어떤 운동 종목이 좋을까? 아이들은 여러 운동 종목을 해보고 스스로 어떤 것을 할지 결정할 수 있을 때 더 큰 흥미를 느낀다. 아이가 한 종목을 선택하면, 아이에게 스스로 선택한 것에 대해 책임을 져야 한다는 것을 일깨워줘야 한다. 선택한 운동을 일정 기간 꾸준히 하기로 약속하며, 몇 달 후 중간 점검을 통해 그 종목을 계속해서 할 것인지 다시 결정하기로 한다. 일단 한 종목을 선택하고 나서는 갑자기 종목을 바꾸지 않도록 한다. 부모는 아이에게 스스로 선택하고 약속한 것을 지킬 수 있도록 가르쳐야 한다.

- 단체경기 vs 개인경기 스포츠클럽에서 아이는 공동체 의식을 배운다. "우리는 한 팀이다!" 이 구호는 (하키나 축구와 같은) 단체경기에도 적용되지만 (테니스와 승마와 같은) 개인경기에도 적용된다. 단체경기를 하려면 운동능력뿐 아니라 사회성이 필요하다.

클럽활동을 하게 하라. 재능이 있어도 최선을 다하게 하라

부모와 트레이너는 아이에게 특별한 운동신경이나 재능이 있다면 이 사실을 금방 알아차린다. 특별한 능력은 다른 아이들과의 비교를 통해 측정된다. 그러나 아무리 타고난 재능이 우수해도 클럽활동을 제대로 하는 아이라면 재능이 전부가 아니라는 사실을 깨닫는다. 비가 오나 눈이 오나 축구 연습하러 간다고 하거나 주말에 다른 놀이를 포기하고 팀과 함께 원정경기를 하기 위해 먼 곳까지 다녀오기도 하고, 승마 경기를 위해 다른 도시를 찾아가기도 한다. 재능보다 노력과 힘든 훈련을 감내하고 인내할 수 있는 능력이 실질적으로 더 중요하다. 따라서 한 종목에 진지하게 임하는 아이라면 수시로 자기점검을 해야 한다. "방과 후 정기적으로 훈련을 받는 일을 나는 정말로 좋아하는가? 만약 이 운동에서 지금과 같은 재능이 없었다 하더라도 이렇게 열심히 운동했을까?"

물론 아이들은 예측할 수 없는 존재들이다. 제아무리 특별한 재주가 있는 분야라도 아이가 그 종목을 싫어하면 그만이다. 아이가 학교생활과 클럽활동 외에도 충분히 자유 시간을 누릴 수 있도록 조절해주는 것도 중요하다.

◉ 아이를 위한 자극제이자 응원군이 되어라

부모는 아이의 발달을 지속적으로 지켜보는 관찰자일 뿐 아니라 아이의 발달에 영향을 미치는 존재이기도 하다.

• 자극제 이 역할은 주로 아빠들이 담당한다. 먼저 부모가 얼마나 강하고 능력이 있는지를 보여준다. 그리고 "아빠처럼 해봐!"라고 하며 아이에게 도전 과제를 던져준다. 부모가 경쟁심을 일으키기도 한다. "누가 먼저 저곳에 도착하는지 내기해볼까? 저 나무 위로 올라갈 수 있는 사람?" 아빠들은 아이에게 숨겨진 재능이 있는지 보려고 할 뿐 아니라 아

이가 성과를 달성하기를 바란다.

- 응원군 엄마의 전형적인 역할이다. 엄마는 주로 아이를 응원하며 지원해주는 역할을 담당한다. 아이와 함께 아이가 겪은 일이나 경험에 대해 이야기를 나눈다. 아이에게 의욕을 불어넣어주며, 칭찬해주고 위로해준다. 엄마는 아이와 운동과 신체활동으로 얻은 기쁨을 나눔으로써 훈련과 연습과정이 성공적으로 이뤄질 수 있는 기틀을 마련한다. 또한 아이가 인내를 갖고 끈기 있게 운동할 수 있도록 힘이 되어준다. 아이를 응원하고 지원한다는 것은 아이의 자립심을 키워주는 일이기도 하다. 아이가 해야 할 일을 일방적으로 주입하는 것이 아니라 아이와 함께 일상생활의 계획을 세우는 것이 바람직하다. 충분한 신체활동을 위한 계획도 마찬가지다. 아이의 노력에 칭찬하는 것을 잊지 말자. 아이가 잽싸고 민첩하게 몸을 움직이거나 에너지를 발산하는 등 신체적 능력과 운동신경을 발휘할 때마다 칭찬해주자.

운동은 스포츠 클럽에서뿐 아니라 다양한 방법으로 실천 가능할 수 있다. 예를 들어, 축구클럽에서 신나게 운동을 하는 아이라면 동네 운동장에서 부모가 지켜보는 가운데 자기 축구 실력을 보여주고 싶어 한다. 이 아이는 또한 '특별공연'을 통해 공을 차는 실력이나 달리기 실력이나 몸의 민첩함을 자랑하고 싶어 할 것이다. 그 때문에 부모는 아이가 축구장에 갈 때나 테니스장에 갈 때 종종 '의무적으로' 따라나서서 아이의 관중이 되어주어야 한다.

09

벌써 예술가가 될
가능성이 보이는가

적지 않은 아이들이 유치원과 초등학교 시절에 예술적 재능을 나타내며 남다른 그림 솜씨나 탁월한 악기 연주 실력을 보인다. 이러한 재능의 가능성이 보이면 부모는 어떻게 해야 할까? 예술적 재능이 발달하기 위한 교육은 언제 시작하는 것이 바람직할까? 음악교육은 구체적으로 어떻게 하는 것이 좋을까?

유치원이나 초등학교에 다니는 어린아이들이 뛰어난 음악적 재능을 보이거나 뛰어난 그림 솜씨를 자랑하는 경우는 드물지 않다. 어떤 아이들은 몇 년 동안 날마다 그림만 그린다. 날마다 같은 일을 하는데도 전혀 지루해하지도 않는다. 어떤 아이는 피아노 치는 것을 좋아하며, 연주가 잘 안 되는 날에는 속상해하기도 한다. 그러나 초등학교에 입학하고 학년이 높아질수록 이러한 마음이 점점 줄어든다.

아이의 영혼을 위한 연고

아이가 음악적으로 타고난 재능을, 부모

가 일찍 발견하고 이 재능을 개발할 수 있도록 지원한다면 더할 나위 없이 행복한 일이다. 미술이나 음악과 같은 예술분야에서의 재능은 즐거움을 줄 뿐 아니라, 아주 훌륭한 표현방식이므로 신체와 정신건강에 도움을 준다. 이런 아이들은 새로운 자극과 경험을 적극적으로 받아들일 준비와 의지가 있는 아이들이다.

아이들은 일반적으로 음악을 좋아하며 그림 그리는 것을 좋아한다. 음악과 그림은 감정을 영혼과 신체로 전달하는 가장 효과적인 매개일 뿐 아니라, 사람들에게 기쁨을 준다. 우리의 감정은 색깔, 형태, 그림의 내용에 따라 영향을 받는다. 어두운 그림은 아이의 마음에 두려움을 심어주고 심지어 악몽을 꾸게 하는 이유가 되기도 한다. 음악이 미치는 그림보다 더 강하다. 경쾌한 음악은 기분을 좋게 하고, 슬픈 음악은 사람을 감성적으로 만들어주며, 강한 리듬은 사람을 흥분시키며, 편안한 선율은 마음을 안정시키는 효과가 있다. 아이들은 음악을 들으며 춤을 추고 몸을 움직인다. 음악과 미술이 아이들에게 강한 영향을 미친다는 사실은 분명하다.

의사들도 음악과 예술 치료가 긍정적인 영향을 준다는 사실을 증명하며, 이러한 방법으로 질병을 치료하기 위한 시도도 한다. 음악이 사람에게 미치는 영향은 맥박, 혈압, 호흡 등으로 측정할 수도 있다. 음악에 따라 뇌파 역시 달라진다. 그렇다면 음악은 왜, 그리고 어떻게 해서 우리의 감정과 신체를 그렇게 변화시킬 수 있을까? 그것은 뇌의 일정 부분이 음악에 강하게 자극받기 때문이다. 조화로운 음과 선율은 엔도르핀 생성을 촉진해 기분을 좋게 만들고 스트레스 호르몬을 억제한다. 색깔 역시 우리의 감정과 정신에 큰 영향을 미친다.

재능을 깨워주어라

아이들은 어떻게 음악과 미술에 관심을 갖게 될까? 어떤 아이들은 그냥 원래부터 음악과 미술을 좋아한다. 아직 제대로 된 형태를 알아볼 수 없는 그림을 그리는 유아기 때부터 그림 그리는 것을 좋아하거나 처음 노래를 배울 때부터 남다른 흥미를 느끼며 노래를 따라 부르는 아이들이 있다. 반면 잠자는 호기심과 관심을 깨우고 재능을 끄집어내주어야 하는 아이들이 있다. 어떻게 하면 될까?

우리가 사는 세상은 온통 소음, 리듬, 소리, 음악으로 가득하므로 아이는 충분한 소리 자극을 받는다. 색깔, 형태, 그림도 각종 광고지나 텔레비전을 통해 어디에서나 볼 수 있다. 늘 우리 주위에 있는 일상의 소리와 그림들 외에도 아름다운 음악과 특별한 그림이 존재한다는 것을 아이에게 어떻게 알려줄 것인가? 직접 음악을 만들어내거나 그림을 그리는 것이 그저 만족스러운 수준을 훨씬 뛰어넘는 기쁨을 준다는 사실을 어떻게 알려줄 것인가? 어떻게 하면 아이가 예술에 관심을 두고 더 깊은 흥미를 느낄 수 있으며, 나아가 재능을 발견할 수 있을까?

첫번째 단계는 좋은 전제를 다져주는 것이다. 즉, 가장 기본이 되는 아이의 인지능력을 강화시켜주는 것이다.

예리한 감각을 키워주어라

아이는 머리로 배울 뿐 아니라 감각을 통해서도 세상을 알아간다. 아이는 느끼고, 듣고, 보고, 냄새 맡고 맛보면서 세상을 여러 각도에서 인지한다. 처음에는 이러한 감각적 인지를 강화시켜준다는 것이 간단해 보이지만, 우리는 보이지도 않는 것을 느끼거나 보거나 듣기 때문에 간단한 문제가 아니다. 예를 들어, 구름을 보면서 사람의 얼굴 같은 형상을 발견하기도 하며 나무의 나이테에서 특이한 문양을 발견하기도 한다. 바람 소리가 노랫소리처럼 들리는가 하면 개울물 소리가 웅장한 교향곡처럼 들리기도 한다.

반면 우리의 감각은 존재하는 것임에도 인지하지 못하기도 한다. 예를 들어, 캄캄한 밤 세상에도 분명히 색깔이 존재하지만, 우리 눈에는 세상이 다 검게 보인다. 숲에서는 분명히 바람이 여러 가지 소리를 내고 있는데, 우리는 주변이 고요하다고 생각한다. 다시 말해 감각을 통해 우리가 인지한 세상은 현실의 세상과 차이가 있다는 것이다. 우리 머릿속에서 감지한 세상은 우리 눈이 보고 귀가 듣는 현실 세상과 차이가 있다. 이는 우리가 인지를 할 때 상상력이 중요한 역할을 담당하기 때문이다.

뇌는 아이가 듣고 보고 냄새 맡고 느끼고 맛본 것들의 인상과 경험을 통해서 정상적인 뇌로 발달한다. 뇌는 감각기관이 인지한 경험을 통해 어떤 것이 뜨거운지, 차가운지, 단지, 신지, 시끄러운지, 조용한지 등을 학습한다. 시간이 지나면서 뇌의 학습과정은 더욱 세분화된다. 뇌는 다양한 예술 관련 인지의 틀을 정착시켜, 음악과 미술이 싹트기 좋은 '옥토'를 만들어간다.

생후 몇 년이 감각을 키우는 데 가장 결정적인 때이다. 물론 감각이라는 것은 평생 지속적으로 발전하는 특징이 있기 때문에 그 이후도 중요하다. 아이의 감각을 길러주는 과정에서 부모는 동반자이자 지원자가 되어주어야 한다. 예를 들어, 아이에게 다양하게 듣고 맛보고 볼 수 있는 경험을 하도록 해줄 수 있다.

감각적 인지능력을 키워주어라

컴퓨터나 텔레비전 앞에 수동적으로 가만히 앉아만 있는 아이들에게는 다양한 감각적 인지 경험이 필요하다. 아이의 감각을 키워주는 것은 곧 인지능력을 키워준다는 말과 일맥상통한다. 인지능력은 재능, 특히 음악적 재능이 자라는 '밭'이다. 몇 가지 방법을 예로 들어보자.

- 촉각 아이가 최대한 자주 촉각을 사용하도록 연습을 시켜주자. 잔디밭, 모래사장, 자갈길 등을 걸어보자. 또 손으로 찰흙, 각종 반죽, 물감 등을 만지고 만들기를 해보자. 실크, 나무, 돌, 지푸라기 등을 손으로 쓰다듬어보기도 하고 무엇보다 따뜻한 사람의 손을 쓰다듬어보게 하자. 이때 사물을 보기 전에 먼저 촉각으로만 인지해야 한다.
- 후각 후각은 과거의 경험과 깊은 연관성이 있다. 장미향, 모닥불 냄새

등은 과거의 경험을 통해 인지할 수 있다. 아이에게 최대한 많은 '후각 경험'을 하게 하자.

- 미각 항상 새로운 것을 시도하고, 자기 감각을 위해 다양하게 경험하는 사람이라면 금방 다음과 같은 사실들을 깨닫는다. 신선한 감자는 묵은 감자보다 맛이 좋다. 갓 구운 빵은 어제 구운 빵보다 맛있다. 직접 만든 화채는 통조림 화채보다 맛있다. 자극이 다양해질수록 미각은 더 예리 해진다.

음악의 힘을 활용할 수 있게 하라

리듬과 선율, 색깔과 형태는 인간이 태어난 순간부터 인간의 삶을 채운다. 집에서 노래를 부르는 일, 유치원에서 그림을 그리는 일, 조기 음악교육이나 학교에서 음악이나 미술 수업 등으로 아이는 음악과 미술을 계속 접한다. 그런데 도대체 음악은 왜 그토록 많은 사람에게 큰 의미가 있으며, 어째서 수많은 부모는 아이가 음악에 재능이 있기를 바라는가?

- 음악은 조화를 창조해내기 때문이다 음악뿐 아니라 우리 몸에서 일어나는 신체의 변화 역시 리듬이 있다. 심장박동이나 호흡주기나 호르몬의 생성주기 등은 모두 규칙적인 리듬이 있다. 음악과 우리 신체의 리

듬 사이에는 유사성이 있다.

- 음악은 감정을 움직이기 때문이다 청각을 담당하는 뇌의 부분은 인간의 감정을 통제하는 변연계 바로 옆에 있다. 그래서 아이들은 이렇게 표현하기도 한다. "음악이 마치 뱃속에서 꿈틀거리는 것 같다." 또는 "이 음악을 들으니까 닭살이 돋아요!"라고.

- 음악은 의욕이 생기게 하기 때문이다 인지능력과 다양한 경험은 학습 효과를 높여준다. 음악을 활용하면 학습 효과가 더 크다는 말은 그래서 맞는 말이다. (물론 음악에 전적으로 기댈 수만은 없다.) 전문가들은 음악이 음악과 관련이 없는 분야에도 긍정적인 영향을 줄 수 있다고 말한다. 음악을 통해 느끼는 편안함은 뇌에 좋은 자극을 준다. 그렇게 되면 효율적으로 일할 수 있다. 그 결과 의욕과 동기도 생긴다. 그러니 학습에도 효과가 극대화될 수밖에 없다. 악기를 연주하는 아이들은 그렇지 않은 아이에 비해 집중력이 좋다. 또한 덜 공격적이고 더 관대하며 사회성 역시 더 발달한다. 게다가 악기 연주를 통해 아이는 자기 속에 감춰진 재능을 보여주기도 한다.

- 음악은 아이를 똑똑하게 만들어주기 때문이다 음악이 공간지각능력이나 수학적 사고력에도 영향을 미치는가? 음악적 규칙이나 체계를 파악하는 법을 일찍 배워 추상적인 사고능력을 갖춘 아이는 나중에 음악에서뿐 아니라 수학에서도 우수한 실력을 나타낸다. 적어도 수많은 전문가가 그렇다고 본다. 물론 조기 음악교육이 장기적인 효과는 없다고 말하는 전문가들도 있다. 그러나 확실한 것은 음악에 대한 이해와 음악적

능력을 길러주는 것은 결코 손해 보는 일이 아니라는 것이다!

집중적인 음악교육을 하라 : 듣는 훈련을 시켜라

우리 주변에는 늘 소음과 각종 소리, 음악 소리가 들려온다. 그래서 계속 들어온 많은 소리와 구별된, 목표가 있는 듣기 훈련을 하는 것이 매우 중요하다. 다음과 같은 훈련 방법을 통해 아이가 음악에 관심을 갖게 해보자.

- 고요함 아이에게 조용한 순간들을 만들어주자. 예를 들어 숲, 공원, 집 등에서 아이가 고요함을 즐길 수 있게 하자. (유치원 이상의 나이)
- 동요 동요의 멜로디와 가사는 아이들의 마음을 사로잡는다. 일단 노래의 매력에 빠지면, 아이 속에 있는 음악적 재능이 깨어날 수 있다. 어떤 동요는 가요처럼 들리기도 한다. 이런 동요를 비판하는 사람들이 있는가 하면 다음과 같은 이유로 가요같은 동요를 찬성하는 사람들도 있다. "그렇지 않으면 아이들이 아예 동요를 따라 부르지 않는다. 일단은 따라 부르고 흥미를 느끼는 것이 중요하다." 하지만 아쉽게도 갈수록 아이들이 노래를 부르는 일이 드물다. (유치원 이상의 나이)
- 음악회 가만히 앉아서 음악회를 관람하는 일이 아이들에게는 쉽지 않은 일이긴 하지만 아이들과 함께 음악회에 가는 것은 좋은 경험이다. 아이가 너무 힘들어할 때에는 쉬는 시간 전까지인 음악회의 앞부분이

나 혹은 뒷부분만 관람한다. 아니면 집에서 직접 작은 음악회를 열어보는 것도 좋은 방법이다. (초등학교 이상의 나이)

● 오페라 아이들과 오페라를 보러 간다는 것은? 비용이 상당히 많이 드는 모험일 수 있으니 우선 아이와 함께 DVD로 오페라를 감상해보자. DVD는 보는 도중에 중간 중간 정지할 수 있다는 장점이 있다. 멈출 때마다 음악이나 성악가, 줄거리 등에 대해 아이에게 부연 설명을 해줄 수 있다. 아이에게 어떤 오페라를 볼지, 어떤 장면을 볼지를 직접 선택할 수 있게 해주자. (초등학교 이상의 나이)

● 뮤지컬과 발레 공연 아이와 함께 발레 공연을 보러 간다? 이것 역시 모험이다. 물론 발레 공연에 매료되는 아이들도 있다. 그러나 대부분은 얼마 지나지 않아 긴 공연에 지루해하기 시작한다. 뮤지컬은 발레보다 아이들이 보기 좀 더 쉬운 장르다. 화려하고 역동적인 무대는 음악에 대한 아이들의 관심을 깨우기에 적합하다. (초등학교 이상의 나이)

직접 시도해보도록 유도하라 : 직접 연주하게 하라

음악에 대한 열의는 저절로 생기는 것이 아니다. 그 열의는 지식을 제공하고 자극을 줄 때 깨어난다. 첫번째 단계이자, 수동적인 과정인 듣기에서 한 걸음 더 나아가 직접 연주해보는 적극적인 단계로 넘어가자. 이 단계는 생각보다 그리 어렵지 않다.

- 노래 불러주기 동요가 흘러나오는 CD를 틀고 아이에게 음악에 맞춰 손뼉을 치고, 노래를 따라 부르고, 간단한 동작으로 노래에 맞는 율동을 지어보고, 춤을 추게 하자. 수동적으로 듣기만 했던 아이는 이제 음악에 적극적으로 동참하기 시작한다. 그리고 아이와 함께 노래하고, 악기를 연주하고, 오래된 동요를 가르쳐주자. "나리 나리 개나리." 또는 "새야 새야 파랑새야." 등의 동요를 가르쳐보자. 특히 "신데렐라는 어려서 부모님을 잃고요."와 같이 동화를 소재로 다루는 노래는 더욱 효과가 있다. 부모 자신이 어릴 적 불렀던 노래를 떠올리는 것은 의미가 있다. 옛날 동요는 아름다운 선율과 노랫말 때문에 시간을 초월해서 사랑받기도 한다. 노래에 자신이 없는 부모라면 CD플레이어를 사용하면 된다. 노래 실력이 뛰어나지 못하더라도 아이와 함께 노래 부르는 것이 좋다. 아이는 부모가 불러주는 노래를 통해 부모의 사랑과 관심을 느끼게 되므로 더욱 쉽게 노래 부르기에 합류한다. 혹시 부모가 노래 부르기에 좋은 선생님이나 모범이 되지 못한다 해도 상관없다. 제대로 된 노래 부르기 교육은 나중에 받아도 충분하다. (유치원 이상의 나이)

- 춤추기 부엌에서 음식을 준비하면서, 라디오를 들으면서, 또는 동네 잔치에서 음악에 맞춰 몸을 흔들고 빙글빙글 돌아보자. 자유롭게 몸을 음악에 맡기자. 그냥 듣기만 하는 것은? 아주 지루한 일이다! 좋은 부모가 되기 위해서는 음악이 핏속에서 요동쳐야 한다. 리듬을 듣는 것만으로는 부족하다. 리듬에 맞춰 몸을 움직이고 흔들면 훨씬 재미있어진다. (유치원 이상의 나이)

- 악기 만들기 다 쓴 세제통으로 드럼을, 호스에 깔때기를 꽂아 트럼펫을 만들어보자. 직접 악기를 만들어본 아이는 진짜 악기에도 관심이 있을 수밖에 없다. 진짜 바이올린은 어떻게 생겼을까? 진짜 바이올린 소리는 어떨까? 이렇게 호기심이 생기면 직접 악기를 연주해보고 싶은 마음도 생길 것이다. (유치원 이상의 나이)

- 아이를 위해 연주하기 엄마가 플루트를 연주하고 아빠가 바이올린으로 화음을 넣어줄 수 있는 가정에서 자란 아이는 늘 음악이 있는 집안에서 자란 덕에 다른 아이보다 음악적 재능이 발달하기에 유리하다. 전혀 음악과 관련 없고 부모가 늘 "우리 집안에는 음악성이 있는 사람이 없다." 또는 "우리 식구들은 모두 음치야."라는 식의 이야기를 하는 집안의 아이라면 음악이 익숙한 아이보다 조금 더 높은 벽을 넘어야 한다. 그런 이야기를 하는 부모 밑에서 자란 아이가 "난 음악이랑은 도저히 안 맞아. 그냥 관둘래!"라고 선언하는 것은 어쩌면 자연스러운 일일 수도 있다. 그렇다면 가정이 아닌 곳에서 전문적인 음악교육을 받게 해주는 것이 가장 바람직하다.

- 전문 음악교육 각종 음악학원이나 학교에서 제공하는 미취학 아동을 위한 조기 음악교육프로그램에 참가하는 방법도 있다. 조기 음악교육에서는 음악에 대한 아이의 관심과 흥미를 깨우고 기초적인 음악 지식을 전달하는 것이 가장 중요하다.

연주하게 하라

악기 연주는 강요받지 않을 때만 즐거운 일이다. 계속해서 연습하라는 잔소리를 들어야 한다면 악기를 연주하는 재미는 금방 사라져버린다. 부모가 악기 연주하는 일을 아이의 자유에 맡기고 음악이라는 주제에 대해 이야기할 때 즐거워한다면 게임은 '거의' 끝난 셈이다. 아이들은 대개 음악에 대한 흥미를 스스로 지속할 수 있게 내버려두면 최선을 다한다.

물론 아이들은 처음부터 무엇이 음악교육과 악기 연습에 있어서 '잘하는 것'인지 '잘 못하는 것'인지 구분할 줄 모른다. 그러나 아이의 흥미와 의욕은 그 무엇보다 중요하며, 앞으로 계속해서 노래를 부르거나 악기를 배우는 힘과 동기가 된다.

- 합창단원 되기 합창단에서 노래를 한다는 것은 다른 사람들과 함께 음악을 한다는 것을 의미하며, 공동체 의식을 갖게 해준다. 다른 사람과 함께 음악을 하게 되면 음악적 능력만 느는 것이 아니라 사회성도 발달한다. 아이는 여럿이 함께라면 혼자보다 큰 위력을 발휘할 수 있다는 사실을 배운다. 이러한 깨달음과 즐거움은 꿈나무 음악가들이 한자리에 모여 노래할 수 있게 만든다.
- 악기 연주하기 대략 다섯 살이 지나면서 아이들은 (플루트, 피아노, 바이올린, 기타 등의) 악기를 배우기 시작한다. 그러나 악기는 아이가 원할 때만 배우게 하자. 악기 배우는 일이 의미 있으려면, 적어도 4년은 꾸준히 악기를 배워야 한다고 한다. 아이가 과연 그 오랜 기간 스스로 악기

다 쓴 세제통으로 드럼을, 호스에 깔때기를 꽂아
트럼펫을 만들어보자. 직접 악기를 만들어본 아이는
진짜 악기에도 관심이 있을 수밖에 없다.

를 배우려고 할까? 물론 항상 그런 것은 아니다. 이때 부모가 예리한 직감으로 아이가 '일찍 포기할 것인지' 아니면 '아이의 끈기와 인내를 끌어내어 증명할 때인지'를 판단해야 한다.

- 춤 배우기 춤이라고 해서 무조건 발레만 생각할 것이 아니다. 어린이 댄스가 될 수도 있고, 어린이 댄스학원에서 배우는 춤일 수도 있다. 조금 더 자라면 재즈댄스 같은 춤을 배울 수도 있다. (발레가 아니라면) 굳이 엄격하고 힘든 훈련을 하지 않아도 재미있게 음악에 맞춰 몸을 움직이는 정도로 충분하다. 참고로 부모가 지켜보지 않을 때 아이는 더 자유롭게 춤을 추는 경향이 있다.

악기를 연주하는 아이에게 기운을 북돋워주어라.

'음악'교육에서 부모는 든든한 '지원군'으로서 아이에게 정신적으로 힘이 되어야 한다. 부모의 집중력과 관심과 질문이 아이에게 힘이 될 수 있다. 아이가 악기를 배우는 과정에서 잘되는 부분과 잘 안 되는 부분, 고민되는 것들을 이야기할 때 주의 깊게 들어주자. 때로는 아이가 부모의 지원과 응원뿐 아니라 인정이 없으면 금방 포기해버리기도 한다. 음악은 마음과 영혼을 자유롭게 만들어준다. 악기를 연주하는 사람의 마음과 영혼도 마찬가지다. 음악으로 다른 사람을 감동시키려면 때로 힘들고 많은 수고가 필요하다. 일단 그렇게 해서 다른 사람의 마음을 움직여본 경험이 생기면, 계속해서 음악을 할 용기와 의욕이 생긴다. 부모가 관객이 되어주어야 한다. 아이는 부모가 아이의 연주에 공개적으로 보내는 박수와 인정을 통해 안정감을 느낀다.

그림 그리게 하라 : 관심을 보여라

많은 아이들이 그림 그리는 것을 좋아한다. 아이들은 자기만의 세계와 자기만의 이야기들을 종이에 옮겨놓고 그림을 통해 자기 자신의 이야기를 한다. 무엇을 그린 그림이든간에 아이가 그린 그림은 아이의 경험, 감정, 생각을 반영한다.

그림을 그려보게 하면 처음부터 아이마다 큰 차이가 난다. 어떤 아이들은 많은 에너지를 쏟아 큰 면적을 채우고 큰 붓, 강렬한 색깔을 선호하지만, 어떤 아이들은 뾰족한 연필로 세밀하고 조심스럽게 그리는 것을 좋아한다. 일반적으로 남자아이들보다 여자아이들이 그림 그리기를 좋아한다. 그림을 그리기 위해서는 자기 생각을 표현할 줄 아는 언어능력, 공간지각능력, 섬세한 운동감각, 사물의 특징을 인지하는 감각과 관찰력, 공감능력, 표현력 등 다양한 능력이 필요하다.

관찰하면서 배우게 하라 :
여러 가지 사물의 모습 포착하게 하라

그림을 그리는 사람은 자기가 받은 인상과 경험을 그리기 때문에 사물과 사람, 동물과 식물을 탐구한다. 아이에게 새로운 대상을 관찰하고 새로운 인상을 수집할 기회를 주자.

● 자연 오늘날과 같은 시각 자극이 많은 시대에는 아이들에게 영향을 줄 만한 그림이나 장면이 넘쳐난다. 따라서 오히려 시각 자극을 줄이는 것이 자극의 효과를 극대화하는 방법이다. 아이와 함께 파란 하늘을 올려다보자. 숲을 산책하며 나뭇잎의 다양한 초록빛을 감상해보자. 아이와 함께 식물원에 가서 자연의 기운을 받아보자. 아이와 함께 자연이 주는 인상과 느낌을 이야기해보자. 상상력이 풍부한 아이들은 식물원을 정글이라고 할 수도 있다.

사람들은 강과 호수, 숲과 잔디가 넓게 펼쳐진 자연 풍경을 가장 긍정적으로 받아들인다고 한다. 인간은 자연에서 시간을 보낼 때 정신과 육체에 편안함을 느낀다. 그러나 일상에서는 단조로움을 느끼거나 영상이 지나치게 빨리 바뀌기 때문에 일상의 피곤함을 느낀다. 텔레비전 역시 '감각적 경험'을 할 수 있게 해주지만 편안함을 주지는 못한다. 순식간에 바뀌는 화면, 극적인 장면들, 심심할 틈이 없는 내용과 화면은 사람을 피로하게 만든다. 반면 자연의 모습은 늘 같은 모습으로 사람의 마음을 안정시켜준다. 아이는 자연에서 조용히 관찰할 여유를 느낄 수

있다. 이 시간은 긍정적인 결과를 가져다주는데, 특히 창의력 향상에 도움이 된다. (유치원 이상의 나이)

- 전시회 아이와 함께 박물관이나 미술관에 가보자. 아이와 함께 사진, 그림, 조각 같은 작품을 감상하되 아이가 지나치게 집중력을 발휘하여 피로해지지 않게 적당한 양의 작품만을 감상하도록 한다. 몇 개의 그림과 소수 작가에게만 집중하는 것이 효과적이라는 뜻이다. 화가를 소개하며 그의 삶과 예술 세계에 대해 알려주자. 아이와 함께 그가 그림으로 표현한 느낌과 아이디어들에 대해 이야기해보자. 아이가 나중에 그림을 그릴 때 전시회장에서 본 것을 응용할 수도 있다. 전시회장에서 본 작품과 유사한 색상이나 주제를 사용할 수도 있다. (유치원 이상의 나이)

- 영화 어떤 아이들은 영화를 보고 나서 그림으로 표현하고 싶은 마음이 생긴다. 아이의 손으로 텔레비전 드라마가 만화책으로 새롭게 태어날 수도 있다. 그림 속 인물들의 움직임을 어떻게 표현했는지 살펴보면 아이가 특별히 미술에 재능이 있는지 쉽게 확인할 수 있다. (초등학교 이상의 나이)

- 이야기책, 그림책 아이에게 책을 읽어주면 아이는 이야기를 들으며 상상의 나래를 편다. 머릿속에 떠오르는 그림이 강렬하면 그 상상 속 모습을 그림으로 그릴 수도 있다. 그림책을 보면 삽화가 있어 삽화를 통해 자극을 받고 삽화를 변형할 수도 있다. (유치원 이상의 나이)

- 예술작품집 아이에게 각종 예술작품집, 화보, 예술엽서를 보여주면 예

술가, 예술의 경향, 주제, 색상, 형태 등에 대한 감각을 키울 수 있다.
(유치원 이상의 나이)

그림 그리는 재미를 증폭시키는 요소들

그림을 그리기 위해서는 창의력을 발산할 수 있는 환경과 공간이 만들어져야 한다. 아이는 색깔로 실험을 하며, 이리저리 물감을 흘릴 수도 있다. 그림 그리는 일에 관심을 보이는 아이를 위해 아이가 마음껏 붓을 놀릴 수 있는 공간을 마련해주자. 집에 공간이 충분하지 않다면 할아버지 집, 혹은 비어 있는 작업장이나 차고나 다락방 등을 활용해보자.

그 외에도 크기가 큰 스케치북이나 포장지, 벽지 및 다양한 크기의 붓과 여러 가지 색깔의 물감을 주어 아이 스스로 이것저것 실험해볼 수 있게 해주는 것이 바람직하다. 스스로 여러 가지를 시도해보고 별 흥미를 느끼지 못하는 아이는 부모가 뭐라고 하지 않아도 스스로 종이와 펜을 손에서 놓게 된다.

미술 재능을 발휘하게 하는 첫걸음 : 재미있고 자유롭게 시도해보게 하라

미술 재능을 발달시키기 위한 기본적인 원리는 다음과 같다는 사실을 기억하자. 그림 그리기를 좋아하는 아이는 자기가 그린 작품을 본 사람들에게 인정받고 싶어 하며, 그럴 때 행복해진다. 인정은 자신감을 강화시켜준다. 재능은 어떤가? 재능은 그 뒤에 등장한다. 아이가 그림 그리기를 통한 즐거움을 느끼고 그림을 그리고 싶어 하는 의욕을 갖는 것이 우선이다.

- 함께하기 시간적 여유가 많지 않은 부모라도 아이와 함께 그림을 그리기 위해 시간을 정해놓고 의무적으로 그림 그리는 시간을 지키려고 노력한다. "적어도 일주일에 한 번은 함께 그림을 그리자!" 그리고 아이와 함께 그림을 그린다. 그러나 그 시간이 지나치게 규칙에 따른 의무적인 시간이 되면, 아이는 바로 눈치를 채고 의욕을 잃어버린다. 그보다는 아이와 함께 무작정 책상에 앉아 그림을 그려보자. 종이와 색연필을 준비해 부모가 먼저 그림을 그리기 시작하면, 곧 아이가 다가와 함께 그림을 그릴 것이다. 어른이 먼저 그림 그리는 것을 보여주고, 아이와 함께 그림을 그리려고 한다는 사실을 느끼게 해주어, 그림 그리는 것이 즐겁고 신나는 일이라는 것을 몸소 증명해주면 이 의욕이 아이에게도 전해진다. 아이와 부모는 서로에게 동기를 주는 것이 가장 이상적이다. 이 경우 얼마 지나지 않아 집안이 작은 미술관으로 변할 것이다.
- 칭찬하기 아이가 그린 그림을 보고 기뻐하며 아이를 인정하고 있음을 표현하면, 아이에게 큰 자극이 된다. 아이에게 용기를 주자. 또한 그림을 집안에 걸어두는 등의 방법으로 아이의 자신감을 키워주자. 부모가 그림의 세계로 향하는 문을 열어줄 수 있다.
- 자극 주기 절대 간섭하지 말자. 아이에게 스스로 주제를 선택할 수 있

그림 그리기를 좋아하는 아이는 자기가 그린 작품을 본
사람들에게 인정받고 싶어 하며, 그럴 때 행복해진다.

도록 해주자. 아이가 무얼 그려야 할지 몰라 망설인다면 도와주어야 하지만 ("할머니에게 드릴 그림을 그려보자!" 또는 "배를 그리는 건 어떨까?" 식의) 구체적인 제안이나 힌트를 주는 것은 피하자. 아이와 함께 일상에서의 경험이나 본인의 특별한 경험에 대해 이야기하자. 대화를 나누다 보면 중에 아이가 그림의 주제를 발견하게 된다.

- 평가 '잘했다' 또는 '잘못했다' 식의 평가나 잔소리는 금물이다. 아이는 자기 방식대로 세상을 이해하고 그대로 종이 위에 표현했을 뿐이다.
- 아이에게 질문하기 아이와 함께 아이가 그린 그림을 살펴보면서 관심 있게 그림에 대해 이것저것 물어보자.

다른 예술적 재능을 키워주어라

예술 분야에 관심이 있는 아이 모두가 그림을 잘 그리는 것은 아니다. 어떤 아이들의 관심은 전혀 다른 방향으로 쏠린다. 모형 만들기나 콜라주 만들기, 사진 찍기, 영상 촬영하기 등을 좋아하는 아이들도 있다. 다른 예술 분야에 관심이 있는 아이의 재능을 키워주는 몇 가지 힌트를 소개한다.

- 콜라주 만들기 신문, 잡지 등을 찢어 글씨가 있는 조각이나 없는 조각을 가지고 그림을 만들어 붙이는 데 재미를 느끼는 아이들도 있다. 아이가 투명종이, 색종이, 마분지, 포장지 등 다양한 재료를 이용하게 해

주자.

- 사진 찍기 아이에게 디지털 카메라를 주고 원하는 것을 찍어오게 한다. 아이와 함께 아이가 찍은 사진을 인화한다. 그다음 사진에 색연필이나 유성펜으로 그림을 그려넣어 재미있는 작품을 만들어보자.

- 모형 만들기 밀가루반죽이나 찰흙으로 각종 모형 만들기 대회를 열어 보자. 누가 먼저 공룡을 만들까? 코뿔소를 만들까? 아니면 만들기에 참 가하는 사람들이 하나의 큰 모형을 만드는데, 한 명씩 돌아가며 조금씩 모형을 만들어나가는 방법도 있다. 과연 어떤 모형이 탄생할까?

- 공작품 만들기 계란 상자, 깡통, 철사, 종이 등 다양한 재료로 가면, 각 종 모형, 허수아비, 손 인형 등과 같은 창의적인 공작품을 만들어보자.

- 촬영하기 어른이 도와주면 초등학교 학생이라도 비디오카메라를 이용 해 자기가 쓴 시나리오에 따라 영화를 만들어볼 수 있다.

- 만화 그리기 그리기 그림 그리기를 좋아하고, 창의적인 인물이 등장하 는 만화를 만드는 아이들이 있다. 글씨를 배우기 시작하면 단순히 그림 책이 아닌 진짜 만화책을 만들어볼 수 있다.

- 그림책 일러스트 그리기 주어진 이야기나 동화의 내용을 그림으로 그 리는 과제는 어떨까? 이러한 과제는 상상력을 키워주는 데 효과적이다. 그림의 크기, 사용할 색연필이나 물감의 종류 등 모든 것을 아이가 스 스로 결정하게 한다. 들려준 이야기를 컴퓨터에 입력하고 출력하여 아 이가 그린 그림을 곁들여 진짜 그림책을 만들어보는 것도 좋다.

맺음말

  세계화된 오늘날 아이들은 알 수 없는 미래의 도전 과제들을 잘 해결해 낼 수 있도록 준비해야 한다. 그래서 많은 사람은 평범한 능력, 지식, 교육만으로는 충분치 않다고 한다. 평범한 수준의 능력은 누구에게나 다 있기 때문이다. 다른 사람을 뛰어넘기 위해서는 특별한 뭔가가 있어야 한다. 특별한 뭔가를 소유한 사람만이 경쟁에서 살아남고 영광의 자리에 앉을 수 있다. 그래서 영재개발 전문가들이 전성기를 맞았다. 텔레비전 토크쇼, 학교, 각종 협회 등 어디에나 사람들의 재능을 한눈에 알아본다는 전문가들이 있다. 어른들 대부분은 최대한 다양한 분야에서 많은 재능을 발휘할 수 있는 아이만이 그런 '특별함' 덕분에 다른 사람들과 차별되며, 앞으로 성장하여 소위 성공한 인생을 살 수 있다고 믿는다. 그래서 유치원에서부터 특정 분야에서 특출한 능력을 갖춘 아이를 찾아내려고 하며, 그런 아이가 발견되면 영재교육 등의 특별교육을 받게 한다.

  그러나 다르게 생각하는 사람들도 많다. 젊은 부모 중에는 재능과 재능개발을 심각하지 않게 받아들이는 부모도 있다. 전문가들은 이러한 현상이 참 다행스럽다고 말한다. 이런 부모는 아이의 능력이나 재능보다는 아이의 개성과 성격을 더 중요하게 생각한다. 옳은 생각이다. 이런 부모는 특별하거나 그렇게 대단히 특별할 것도 없는 아이의 재능보다는 아이의 행복에 대해 더 많이 고민하고 이야기한다. 그들은 다음과 같은 편안하고 행복한 어린 시절을 만들어주기 위해 노력한다.

- 생명력이 넘치고 자유로운 어린 시절
- 충분한 교육의 기회가 주어진 어린 시절
- 재미를 주는 다양한 분야의 활동을 지원받는 어린 시절
- 부모의 온정과 관심과 이해 속에서 보내는 어린 시절
- 아이에게 부담을 주지 않고, 재미와 건전한 성취욕을 갖게 해주는 경쟁을 경험하는 어린 시절

찾아보기

담푸스 자녀교육서 02

내 아이 재능, 어떻게 찾아낼까?

초판1쇄	2010년 5월 12일
지은이	코르넬리아 니취
옮긴이	안미라

펴낸이	이종미
펴낸곳	담푸스
대표	이형도
등록	제395-2008-00024호
주소	(우)410-380 경기도 고양시 일산동구 장항동 731-1 성우사카르타워 601호
전화	031)919-8510(주문관리) 031)907-8512(편집)
팩스	031)907-8515, 0303-0202-4573
이메일	dhampus@naver.com
카페	http://cafe.naver.com/dhampusbook

기획편집	권인수, 공순례, 김윤정
마케팅	이상영, 이종아, 신기탁
디자인	씨오디

책값은 뒤표지에 있습니다.
잘못된 책은 구입하신 곳에서 바꿔드립니다.

ISBN   978-89-961456-9-1 03370

이 도서의 국립중앙도서관의 출판시도서목록(CIP)은 e-cip 홈페이지에서 이용하실 수 있습니다.